IRMÃOS SEM RIVALIDADE

Dados Internacionais de Catalogação na Publicação (CIP)
(Câmara Brasileira do livro, SP, brasil)

Faber, Adele
 Irmãos sem rivalidade : o que fazer quando os filhos brigam / Adele Faber, Elaine Mazlish ; [tradução Adri Dayan, Dina Azrak e Elisabeth C. Wajnryt]. – São Paulo : Summus, 2009.

 Título original : Siblings without rivalry : how to help your children live together so you can live too.
 ISBN 978-85-323-0533-6

 1. Ciúme 2. Criação de crianças 3. Irmãos – Psicologia 4. Irmãos e irmãs 5. Rivalidade entre irmãos I. Mazlish, Elaine. II. Título.

09-07548   CDD-155.443

Índices para catálogo sistemático:

1. Irmãos : Rivalidade : Psicologia   155.443
2. Rivalidade entre irmãos : Psicologia 155.443

Compre em lugar de fotocopiar.
Cada real que você dá por um livro recompensa seus autores
e os convida a produzir mais sobre o tema;
incentiva seus editores a encomendar, traduzir e publicar
outras obras sobre o assunto;
e paga aos livreiros por estocar e levar até você livros
para a sua informação e o seu entretenimento.
Cada real que você dá pela fotocópia não autorizada de um livro
financia um crime
e ajuda a matar a produção intelectual em todo o mundo.

IRMÃOS SEM RIVALIDADE
O que fazer quando os filhos brigam

ADELE FABER
ELAINE MAZLISH

summus editorial

Do original em língua inglesa
SIBLINGS WITHOUT RIVALRY
How to help your children live together so you can live too

Copyright © 1987, 1998 by Adele Faber e Elaine Mazlish
Direitos para a língua portuguesa adquiridos por Summus Editorial

Editora executiva: **Soraia Bini Cury**
Editoras assistentes: **Andressa Bezerra e Bibiana Leme**
Tradução: **Adri Dayan, Dina Azrak e Elisabeth C. Wajnryt**
Capa: **Alberto Mateus**
Projeto gráfico e diagramação: **Acqua Estúdio Gráfico**

Summus Editorial
Departamento editorial
Rua Itapicuru, 613 – 7º andar
05006-000 – São Paulo – SP
Fone: (11) 3872-3322
http://www.summus.com.br
e-mail: summus@summus.com.br

Atendimento ao consumidor
Summus Editorial
Fone: (11) 3865-9890

Vendas por atacado
Fone: (11) 3873-8638
e-mail: vendas@summus.com.br

Impresso no Brasil

*A todos os irmãos adultos que ainda têm
uma criança ferida dentro de si.*

Oh! Como é bom e agradável que os irmãos vivam em união.

LIVRO DOS SALMOS, 133:1

GOSTARÍAMOS DE AGRADECER...

Aos nossos maridos, por seu apoio constante e incentivo durante este projeto. Eles foram uma fonte de força para nós, especialmente nos momentos em que o ritmo tornou-se lento.

Aos nossos filhos, que, quando crianças, nos ofereceram a matéria--prima para este livro e que, ao se tornarem jovens adultos, nos deram sugestões valiosas sobre o que poderíamos fazer de modo diferente.

Aos pais que participaram dos nossos grupos, pela sua disposição em explorar conosco outros caminhos e tentar aplicar essa "nova abordagem" aos seus filhos. Suas experiências e insights enriqueceram estas páginas.

A todas as pessoas que compartilharam seus sentimentos passados e presentes em relação a seus irmãos e irmãs, permitindo que esses depoimentos fossem gravados.

A Kimberly Ann Coe, a artista que conseguiu refletir exatamente o que esperávamos em suas ilustrações em quadrinhos, dando vida a um grupo adorável de pais e filhos.

A Linda Healey, por ser a editora dos sonhos dos escritores, mostrando-se ao mesmo tempo forte ao apoiar a mensagem e o estilo autorais e delicada ao buscar persistentemente a excelência.

A Robert Markel, que foi nosso editor e hoje é nosso agente literário, por seu sólido apoio e por seu bom gosto e julgamento, nos quais aprendemos a confiar.

A Sophia Chrissafis, nossa ágil digitadora, a quem muitas vezes pedimos o impossível e recebemos como resposta um sorridente "Sem problema!"

A Patricia King, amiga querida, por contribuir com a sua sensibilidade especial após ler o manuscrito.

E, finalmente, ao falecido doutor Haim Ginott, que foi o primeiro a nos mostrar como as labaredas provocadas pela rivalidade entre irmãos podem ser reduzidas a não mais que uma pequena e segura chama.

SUMÁRIO

Prefácio das tradutoras 13

Como surgiu este livro 15

Nota das autoras 21

1. Irmãos e irmãs – passado e presente 23

2. Somente quando os maus sentimentos forem expressados.... 35
   As perguntas 50
   As histórias.. 53

3. O perigo das comparações 67
   As histórias.. 76

4. Igual é menos 81
   As histórias.. 93

5. Irmãos no desempenho de papéis.................................... 99
   Se ele é "isso", então vou ser "aquilo".............................. 99
   Liberando os filhos para a mudança 107
   Chega de crianças-problema 119
   As histórias.. 125

6. Quando as crianças brigam 133
   Como intervir construtivamente 133
   Como interferir de modo que depois possamos nos retirar ... 147

Ajudando as crianças a resolverem um conflito sério 149

As perguntas 159

As histórias.. 163

7. Fazendo as pazes com o passado............................. 175

8. Posfácio à nova edição... 187

Os primeiros comentários 188

Lidando com jovens rivais: como começar bem............... 195

Sozinhos em casa.. 209

Outras formas de incentivar bons sentimentos
entre irmãos e irmãs... 215

Conclusão 222

PREFÁCIO DAS TRADUTORAS

Vocês nem imaginam quantos pais vêm conversar conosco sobre como lidar com seus filhos durante as discussões e brigas que ocorrem em casa. Muitos já leram o livro *Como falar para seu filho ouvir e como ouvir para seu filho falar* (Summus, 2003), das mesmas autoras da presente obra, e se uniram a nós no respectivo workshop, em que muitas de suas dúvidas foram elucidadas.

Esses pais formam um "clube", que às vezes pode ser percebido a distância. Por exemplo, você está num parquinho e avista pais com um jeito mais calmo, usando uma linguagem mais respeitosa e efetiva, que traduz um clima emocional sem estresse e produz soluções simples e rápidas para resolver os "problemões, problemas e probleminhas" que inevitavelmente aparecem no dia a dia do relacionamento com uma criança.

E quando temos várias crianças numa mesma situação? Todas querem a atenção dos pais, sentir que são especiais, únicas, e por isso competem com os meios de que dispõem para "eliminar" seu "adversário": seu irmão, sua irmã.

Nesses momentos, as brigas começam e os pais, mesmo com as melhores das intenções, não sabem o que fazer:

"É meu!"
"Não, é meeeeeu!"

"Mãããnhêêê!"

"Meus filhos só brigam uma vez por dia: do momento em que acordam até a hora em que vão dormir."

Mas o que fazer? Será que a reação dos pais ou de outros adultos que cuidam das crianças (de qualquer idade) pode reduzir ou modificar o ciúme e a rivalidade entre os irmãos?

Todos nós queremos que nossos filhos sejam amigos, se deem bem e se ajudem. Fácil falar e difícil fazer.

Para responder a esses impasses, oferecemos a vocês este livro, *Irmãos sem rivalidade*. Seu grande mérito é ensinar COMO conseguir êxito nessa missão, por meio de dicas e da demonstração de habilidades muito práticas que realmente levam à melhoria do relacionamento entre os irmãos.

Como psicólogas, testemunhamos o impacto das experiências infantis na personalidade adulta: sentir que o irmão é o preferido dos pais gera raiva e dor, que muitas vezes se prolongam pelo resto da vida. Ser alvo de comparações na esfera familiar traz mágoas e pode fazer que a pessoa seja constantemente associada a um papel fixo: o de boazinha, o de rebelde, o de problemática, o de preguiçosa. Livrar-se desse rótulo requer muito esforço.

Que tranquilizador para os pais ter acesso permanente a um conjunto de habilidades que podem ser usadas nos momentos de confronto! Num início de incêndio, jogar água é muito diferente de jogar gasolina para tentar eliminar o perigo. Na vida real, muitas vezes nos confundimos quanto à nossa atuação. Achamos que estamos ajudando quando na realidade estamos "botando lenha na fogueira" dos ressentimentos e do senso de injustiça.

Aqui encontra-se algo de valor incalculável: a possibilidade de nos sentirmos mais competentes e menos frustrados como pais e construirmos uma família que "joga no mesmo time": mais harmoniosa, mais afetiva e mais feliz!

Adri Dayan, Dina Azrak e Elisabeth C. Wajnryt
comofalar@hotmail.com

COMO SURGIU ESTE LIVRO

Quando estávamos escrevendo *Como falar para seu filho ouvir e como ouvir para seu filho falar* surgiu um problema: o capítulo sobre rivalidade entre irmãos estava escapando ao nosso controle. Com mais de cem páginas, ainda faltava metade do conteúdo. Desesperadamente, nós nos esforçamos para diminuir, resumir, eliminar trechos, na tentativa deixá-lo proporcional ao resto do livro. No entanto, quanto mais cortávamos, mais descontentes ficávamos.

Gradualmente percebemos que, para fazer justiça à abrangência do tema da rivalidade entre irmãos, teríamos de dedicar-lhe um livro inteiro. Quando essa decisão foi tomada, o resto se encaixou. Nós incluiríamos no *Como falar...* material suficiente para que os pais pudessem solucionar os problemas fraternos mais violentos. Mas em nosso "livro sobre irmãos" teríamos espaço para nos estender, para relatar as nossas primeiras frustrações com as brigas de nossos filhos, para descrever os princípios esclarecedores que aprendemos com o falecido psicólogo infantil Haim Ginott nos anos em que participamos de seu grupo de pais, para compartilhar as ideias que resultaram do que aprendemos com nossas famílias, nossa leitura e nossas infindáveis discussões, e para reproduzir as experiências dos pais que participaram dos workshops que nós subsequentemente criamos e apresentamos sobre rivalidade entre irmãos.

Também nos ocorreu que estávamos diante de uma oportunidade singular, por meio da realização de nossas palestras em diversas localidades dos Estados Unidos – a de descobrir o que os pais sentiam quanto aos problemas entre irmãos. Logo percebemos que estávamos lidando com um tema arrebatador. Aonde quer que fôssemos, a simples menção das palavras "rivalidade entre irmãos" desencadeava uma reação imediata e intensa:

"As brigas me fazem subir pelas paredes."

"Não sei o que vai acontecer primeiro: ou eles vão se matar ou eu vou matá-los!"

"Eu me dou bem com cada filho individualmente, mas, quando ficam juntos, não suporto nenhum deles."

Logo notamos que o problema era geral e sentido profundamente. Quanto mais falávamos com os pais sobre o que ocorria com seus filhos, mais éramos lembradas da dinâmica que produzia níveis tão altos de estresse em seu lar. Imagine duas crianças competindo pelo amor e pela atenção de seus pais. Some a isso a inveja que um filho sente das conquistas do outro; o ressentimento que cada um sente pelos privilégios do irmão; as frustrações que eles não ousam descarregar em ninguém mais, a não ser um no outro. Fica fácil entender por que em quase todas as famílias o relacionamento entre irmãos contém dinamite emocional suficiente para provocar explosões diárias.

Nós nos perguntávamos: "Haverá algo a ser dito a favor da rivalidade entre irmãos? Com certeza não é boa para os pais; será de alguma forma boa para os filhos?"

Tudo que líamos levava em consideração certas utilidades dos conflitos entre irmãos: com as lutas para estabelecer o domínio de um sobre o outro, os irmãos tornavam-se mais fortes e mais resistentes. Com suas infindáveis perseguições mútuas pela casa, eles desenvolviam velocidade e agilidade. Com seus duelos verbais, eles aprendiam a diferença entre ser esperto e ser agressivo. Com as irritações normais do convívio, eles aprendiam a ser assertivos, a se defender, a entrar em acordo. E, às vezes, com sua inveja das habilidades especiais do outro, eles eram levados a se esforçar mais, persistir e, assim, conquistar seus objetivos.

Essa é a melhor parte da rivalidade entre irmãos. A pior parte, conforme aquilo que os pais logo nos diziam, reside no fato de que a rivalidade pode desmoralizar seriamente um ou todos os filhos e provocar um dano permanente. Já que o nosso livro seria a respeito da prevenção e reparação de qualquer tipo de dano, sentimos que seria importante retomar as causas da competição constante entre irmãos.

Em que ponto tudo isso começa? Os especialistas nesse campo parecem concordar que na raiz do ciúme entre irmãos há o profundo desejo do amor *exclusivo* de seus pais. Por que esse anseio de ser o único contemplado? Porque dessa fonte maravilhosa representada pela mãe e pelo pai flui tudo que a criança precisa para sobreviver e prosperar: comida, abrigo, calor, carinho, senso de identidade, senso de valor, de singularidade. O amor e o incentivo dos pais permitem que a criança desenvolva sua competência e conquiste lentamente o domínio de seu ambiente.

Por que a presença dos irmãos é percebida como um empecilho constante? Eles ameaçam tudo que é essencial para seu bem-estar. A mera existência de mais filhos na família pode significar MENOS. Menos tempo sozinho com os pais. Menos atenção para mágoas e decepções. Menos reconhecimento das realizações. E, o mais assustador, o pensamento: "Se a mamãe e o papai estão demonstrando tanto amor, preocupação e entusiasmo pelo meu irmão e pela minha irmã, talvez eles tenham mais valor que eu. E se eles têm mais valor, isso deve significar que eu tenho pouco valor. E se eu tenho pouco valor, tenho um problema sério para resolver".

Não é de admirar que as crianças lutem tanto para ser as *primeiras* e as *melhores*, que mobilizem toda a sua energia para ter *mais* e o *melhor*, ou, de preferência, TUDO. Ter a mamãe e o papai por inteiro, além de todos os brinquedos, toda a comida, todo o espaço, proporcionaria a sensação de segurança.

Que tarefa difícil resta aos pais! Eles têm de encontrar maneiras de fazer que cada filho acredite que está seguro, é especial e amado; têm de ajudar os jovens antagonistas a descobrirem as recompensas do compartilhamento e da cooperação; e, de alguma forma, eles têm de preparar o terreno para que um dia os irmãos em conflito possam ver um ao outro como uma fonte de prazer e apoio.

Como os pais estavam enfrentando essa difícil responsabilidade? Para sabermos, elaboramos um breve questionário:

- Há algo que vocês fazem com seus filhos que parece ajudar no relacionamento entre eles?
- Há algo que vocês fazem que parece piorá-lo?
- Vocês se lembram de coisas que seus pais faziam capazes de aumentar a hostilidade entre vocês e seus irmãos?
- Eles chegaram a fazer algo que reduziu essa hostilidade?

Nós também fizemos perguntas sobre como eles se davam com seus irmãos quando eram jovens, como se davam com eles naquele momento e os temas que eles gostariam de encontrar em um livro sobre a rivalidade entre irmãos.

Ao mesmo tempo, entrevistamos vários indivíduos pessoalmente. Gravamos centenas de horas de conversas com homens, mulheres e crianças de diversas origens e idades – entre 3 e 88 anos.

Finalmente, reunimos todo o material, velho e novo, e conduzimos as atividades de vários grupos, que contaram com oito sessões cada, tendo como tema a rivalidade entre irmãos. Alguns dos pais nesses grupos estavam entusiasmados desde o início; alguns estavam céticos ("Sim, mas vocês não conhecem os *meus* filhos!"); e alguns tinham chegado ao seu limite: estavam prontos para tentar qualquer coisa. Todos eles participaram ativamente do processo – tomando nota, perguntando, fazendo dramatizações, colocando-as em prática em casa e, mais tarde, expondo ao grupo os resultados de suas experiências em seu "laboratório" doméstico.

De todas essas sessões e de todo o trabalho que desenvolvemos nos anos precedentes surgiu este livro, a afirmação de nossa crença de que nós, como pais, *podemos* fazer a diferença.

Nós podemos intensificar a competição ou reduzi-la. Podemos reprimir os sentimentos hostis ou permitir que sejam exteriorizados com segurança. Podemos estimular as brigas ou tornar a cooperação possível.

Nossas atitudes e palavras têm poder. Quando a batalha entre os irmãos recomeçar, não precisaremos mais nos sentir frustrados, enlouquecidos ou desamparados. Armados com novas habilidades e uma nova forma de compreender a situação, seremos capazes de conduzir os rivais em direção à paz.

NOTA DAS AUTORAS

Para simplificar o relato de nossa história, nós duas nos tornamos uma única pessoa, nossos seis filhos, dois meninos, e os vários grupos que conduzimos juntas e separadamente transformaram-se em apenas um. E paramos por aí. Tudo o mais neste livro – os pensamentos, os sentimentos, as experiências – corresponde exatamente à realidade.

Adele Faber e Elaine Mazlish

1. IRMÃOS E IRMÃS – PASSADO E PRESENTE

Secretamente eu acreditava que a rivalidade entre irmãos era algo que acontecia aos filhos de outras pessoas.

Em algum lugar do meu cérebro estava alojado o pensamento presunçoso de que eu poderia passar a perna no fantasma do ciúme fraterno por, ao contrário de todos os outros pais, nunca fazer nenhuma das coisas que obviamente despertam esse sentimento nos filhos. Eu nunca os compararia, nunca tomaria o partido de um deles, nunca teria preferidos. Se ambos os meninos soubessem que eram amados igualmente, poderia haver algumas disputas de vez em quando, mas que motivo teriam para brigar?

Seja qual for, eles o encontraram.

Do momento em que abriam os olhos de manhã até o momento em que os fechavam à noite, eles pareciam comprometidos com um único propósito – tornar o outro infeliz.

Aquilo me intrigava. Eu não encontrava maneira de compreender a intensidade, a selvageria e a perenidade das brigas entre eles.

Havia algo de errado com eles?

Havia algo de errado comigo?

Só depois de compartilhar meus temores com os outros participantes do grupo de orientação de pais do doutor Ginott é que comecei a relaxar. Foi motivo de grande satisfação descobrir que a minha infelicidade não era só minha. Os meus dias não eram os únicos marcados com xingamentos, intrigas, beliscões, empurrões, gritos e lágrimas amargas. Eu não era a única a perambular com o coração apertado e os nervos em frangalhos, desenvolvendo sentimentos de inadequação.

Seria possível imaginar que, por termos sido crianças com irmãos um dia, todos nós saberíamos o que esperar. No entanto, a maioria dos pais em nosso grupo estava tão despreparada para o antagonismo entre seus filhos quanto eu. Mesmo agora, anos depois, enquanto apresento meu primeiro workshop sobre rivalidade entre irmãos, percebo que poucas coisas mudaram. As pessoas não veem a hora de expressar seu desalento quanto à disparidade entre suas expectativas otimistas e a rude realidade.

"Eu tive outro filho porque queria que a Cíntia tivesse um irmão, alguém com quem brincar, um amigo para a vida toda. Bem, agora ela tem uma irmã e a odeia. Ela só fala em 'devolvê-la'."

"Sempre pensei que meus meninos seriam leais um com o outro. Apesar de brigarem em casa, eu tinha certeza que eles eram unidos fora do ambiente doméstico. Quase morri do coração quando descobri que meu filho mais velho fazia parte de um grupo que costumava atacar seu irmão menor no ponto de ônibus."

"Como um homem que cresceu com irmãos (também homens), eu sabia que os meninos brigavam, mas imaginava que de algum modo as meninas se entendiam. Não é o caso das minhas três filhas. E o pior é que elas têm memória de elefante. Elas nunca esquecem o que 'ela fez comigo' na semana passada, no mês passado, no ano passado. E elas nunca perdoam."

"Sou filha única, então pensava estar fazendo um grande favor à Deise quando tive o Guilherme. Eu era muito ingênua, a ponto de pensar que eles automaticamente se dariam bem. E se deram – até que ele começasse a andar e falar. Eu ficava dizendo a mim mesma: 'Quando eles crescerem vai ser melhor'. No fim, ficou pior. Agora o Guilherme tem 6 anos e a Deise tem 9. Tudo que o Guilherme tem a Deise quer. Tudo que a Deise tem o Guilherme quer. Eles não conseguem se aproximar sem se chutar ou bater. E os dois sempre me perguntam:

'Por que você resolveu ter o Guilherme?'; 'Por que você resolveu ter a Deise?'; 'Por que eu não sou filho único?'"

"Eu pretendia evitar a rivalidade entre irmãos por completo estabelecendo um intervalo adequado entre os nascimentos. Minha cunhada aconselhou-me a tê-los em datas próximas, pois eles seriam como filhotinhos de cachorro, sempre brincando juntos. Então os tive e eles brigavam o tempo todo. Aí eu li um livro que dizia que o intervalo perfeito era de três anos. Tentei isso também, e o maior passou a se unir ao do meio contra o pequeno. Esperei quatro anos para ter o próximo, e agora *todos* eles me procuram para reclamar. Os mais novos dizem que o mais velho é mau e mandão, e o mais velho diz que os mais novos nunca o ouvem. Não há solução."

"Eu não entendia por que as pessoas se preocupavam tanto com a rivalidade entre irmãos, pois não enfrentei esse problema quando meus filhos (uma menina e um menino) eram pequenos. Agora que são adolescentes, eles estão recuperando o tempo perdido. Um minuto juntos basta para que comecem a surgir as faíscas."

Enquanto presenciava a agonia coletiva, perguntava-me: "Por que estão tão surpresos? Eles se esqueceram de sua própria vivência? Por que eles não se basearam nas memórias de seu relacionamento com os irmãos? E quanto a mim? Por que minhas experiências com meus irmãos não me foram úteis quando estava criando meus filhos? Talvez pelo fato de que eu era a caçula da família, com uma irmã e um irmão muito mais velhos. Ver dois meninos crescendo juntos era algo novo para mim".

Quando compartilhei meus pensamentos com o grupo, as pessoas rapidamente concordaram comigo dizendo que seus filhos também eram muito diferentes – em número, idade, sexo e personalidade – dos irmãos com quem tinham crescido. Eles também notaram que nossa perspectiva era diferente, sendo que um pai observou ironicamente: "Uma coisa é ser o filho que está brigando. Outra coisa é ser o pai que tem de lidar com a briga".

Porém, apesar de estarmos conversando friamente sobre as diferenças entre nossas famílias no passado e no presente, memórias muito antigas e poderosas começaram a vir à tona. Cada um tinha uma história para contar e, pouco a pouco, a sala se encheu de irmãos e irmãs de ontem, acompanhados pelas fortes emoções que marcaram esses relacionamentos.

"Eu me lembro de como ficava com raiva quando meu irmão mais velho ria de mim. Meus pais estavam sempre repetindo: 'Se você não reagir, ele não vai incomodá-lo', mas eu sempre reagia. Ele me provocava sem parar para me fazer chorar. Dizia: 'Pegue sua escova de dentes e vá embora. Ninguém gosta de você mesmo'. Sempre funcionava, eu sempre chorava por causa disso."

"Meu irmão também costumava me provocar. Uma vez, quando eu tinha mais ou menos 8 anos, fiquei tão bravo com ele por tentar me derrubar enquanto eu estava andando de bicicleta que disse a mim mesmo: 'Chega! Isso precisa parar!' Então entrei em casa, peguei o telefone e chamei a telefonista (sou de uma cidade pequena do interior e nós não tínhamos discagem direta naquela época). Disse: 'Gostaria de falar com a polícia, por favor'. A telefonista respondeu: 'Bem, hummm...' E aí minha mãe chegou e pediu que eu desligasse o telefone. Ela não gritou comigo, mas disse: 'Vou ter de falar com seu pai sobre isso'.

À noite, quando meu pai chegou em casa, fingi estar dormindo, mas ele me acordou. Ele só disse o seguinte: 'Você não pode lidar com a sua raiva desse jeito'. Minha primeira reação foi de alívio porque não seria punido. Mas, depois, eu me lembro de, enquanto ainda estava deitado, começar a sentir raiva de novo. E sem poder me defender."

"Meu irmão nunca pôde me maltratar, não importando o que eu lhe fizesse. Eu era a 'filhinha do papai', sempre saía ilesa. E fiz coisas horríveis. Uma vez eu joguei óleo quente nele. Em outra ocasião furei seu braço com um garfo. Às vezes ele tentava me impedir me segurando, mas, quando ele me largava, aí é que eu o machucava mesmo. Um dia, quando meus pais não estavam em casa, ele deu um soco no meu rosto. Ainda tenho a cicatriz embaixo do olho. Aquilo bastou. Desde então nunca mais encostei nele."

"Na minha família não era permitido brigar. Ponto. Meu irmão e eu não podíamos nem ficar bravos um com o outro. Em geral nós não nos suportávamos, mas não podíamos ficar bravos. Por quê? Não havia motivo. Simplesmente não podíamos. O que ouvíamos era: 'Ele é seu irmão. Você *tem* de gostar dele'. Eu respondia: 'Mas, mãe, ele é chato e egoísta!'

'Que pena! Você tem de gostar dele.'

Então, boa parte dos meus sentimentos de raiva foi reprimida, porque eu tinha medo do que poderia acontecer se eles escapassem."

À medida que mais pessoas compartilhavam suas memórias fraternas, eu ficava cada vez mais maravilhada com o poder dos relatos, que pareciam levar o narrador de volta ao passado, resgatando as velhas mágoas e a raiva sentida. Contudo, qual seria a diferença entre esses cenários e os que os pais tinham descrito antes, só que com seus filhos como protagonistas? O ambiente e os personagens não eram idênticos, mas os sentimentos pareciam ser exatamente os mesmos.

"Talvez as gerações não sejam tão diferentes", alguém comentou pesarosamente. "Talvez nós apenas tenhamos de aprender a aceitar o fato de que os irmãos são adversários naturais."

"Não necessariamente", um pai objetou. "Meu irmão e eu tivemos um relacionamento muito próximo desde o início. Quando eu era pequeno minha mãe costumava pedir a ele que cuidasse de mim, e ele sempre foi bondoso – mesmo quando ela insistia que ele se certificasse de que eu já havia tomado a minha mamadeira antes de sair para brincar. Como em geral eu não queria terminar a mamadeira e ele não tinha paciência para esperar, ele tomava a mamadeira no meu lugar. Aí saíamos juntos para encontrar os amigos dele."

Todos riram. Uma mulher disse: "Isso me lembra a relação entre mim e a minha irmã. Nós agíamos em parceria, especialmente quando éramos adolescentes. Costumávamos juntar forças sempre que queríamos punir minha mãe. Quando ela nos dava uma bronca ou nos repreendia, fazíamos greve de fome – uma de cada vez. Isso deixava minha mãe louca, porque ela costumava se preocupar muito por achar que estávamos magras demais. Ela sempre fazia gemadas e milk-shakes para nós; então, pararmos de comer era o pior castigo para ela. Mas, sem que ela soubesse, nós comíamos. Tínhamos um acordo: aquela que não estivesse fazendo greve de fome traria comida para a outra".

Ela fez uma pausa e franziu a testa: "Mas com a minha irmã mais nova a história foi completamente diferente, eu nunca gostei dela. Ela nasceu dez anos depois de mim, e tudo passou a girar em torno do 'bebê'. Para mim ela era só uma criança chata e mimada. E continua sendo".

"Provavelmente minhas irmãs mais velhas diriam o mesmo sobre mim", afirmou outra mulher. "Elas tinham 8 e 12 anos quando eu nasci, e acho que elas tinham ciúme porque eu era a favorita do meu pai. E eu também tive muitos privilégios que elas não tiveram. Havia mais dinheiro quando eu nasci e fui a única que pôde ir para a faculdade. Minhas duas irmãs se casaram aos 19 anos.

Nos últimos tempos, desde o falecimento do meu pai, minha mãe e eu nos aproximamos muito. E ela também se aproximou dos meus filhos. Temos conversado sobre a possibilidade de morarmos juntas na casa dela, e vocês não imaginam o que está acontecendo. Quando minha mãe falou com as minhas irmãs sobre os nossos planos, elas ficaram furiosas: '*Nós* tivemos de hipotecar nossos bens quando compramos nossa casa... *Nós* tivemos de lutar anos e anos por tudo que conseguimos... *Ela* foi à faculdade... O *marido dela* foi à faculdade... *Ele* tem um bom emprego'.

Acho que o que mais me incomoda é que agora os meus sobrinhos ficaram ressentidos com os meus filhos. Eles dizem: 'Vovó, por que você fica com eles o tempo todo? Você não vem mais nos visitar!' O ciúme parece que nunca acaba. Passou de uma geração para a seguinte."

Ouviram-se suspiros na sala. Alguém comentou que estávamos lidando com um assunto muito sério. Senti a necessidade de resumir o que havíamos discutido antes de ir em frente: "Falamos sobre a nossa infância e a infância dos nossos filhos, e aparentemente o que dissemos até agora foi que o relacionamento com nossos irmãos pode ter um impacto poderoso no início da nossa vida, produzindo sentimentos intensos, positivos ou negativos, e que esses mesmos sentimentos podem persistir em nosso relacionamento adulto com nossos irmãos e até mesmo ser transmitidos para a próxima geração".

Havia mais alguma coisa, mas eu não sabia exatamente o quê. Pensei de novo no meu irmão e na minha irmã e em como eles me tratavam como uma "pestinha" que sempre atrapalhava. Ainda hoje, apesar de ser adulta e razoavelmente bem-sucedida, de vez em quando ainda me vejo como alguém que atrapalha os outros. Perguntei: "Seria um exagero dizer que essas experiências infantis com os irmãos podem determinar a maneira como nós agimos, pensamos ou nos sentimos a respeito de nós mesmos hoje?"

Não houve nenhum momento de hesitação. Quatro mãos se levantaram de uma vez. Pedi que um pai falasse.

"Com certeza", ele disse. "Sou uma pessoa que precisa estar no comando. E tenho certeza de que isso se deve ao fato de ser o mais velho dos irmãos. Para os meus irmãos, eu era um ditador benevolente. Eles sempre me olhavam com admiração e faziam tudo que eu pedia. Às vezes batia neles, mas também os protegia dos vizinhos briguentos.

Mesmo hoje em dia eu tenho necessidade de estar sempre 'por cima'. Recentemente recebi uma oferta excelente para vender a minha empresa, com a condição de que a gerenciasse para os novos proprietários. Mas eu me conheço, nunca faria isso. Eu tenho de ser o chefe."

"Sou o mais novo entre cinco meninos e não tenho a menor dúvida de que meus irmãos afetaram a visão que tenho hoje sobre mim mesmo. Eles são pessoas muito bem-sucedidas, com diversas realizações – acadêmicas, esportivas, enfim, em várias áreas. Só que para eles isso veio naturalmente. Quando eu era criança, estava sempre tentando alcançá-los. Enquanto eles se divertiam eu ficava no quarto, estudando. Eles nunca conseguiram me entender. Costumavam me chamar de 'o filho adotivo' – carinhosamente, é claro.

Até hoje me esforço ao máximo. Minha esposa me acusa de ser viciado em trabalho. O que ela não entende é que parte de mim ainda está tentando desesperadamente alcançar os meus irmãos."

"Eu parei de tentar alcançar a minha irmã mais velha há muito tempo", comentou uma participante. "Era impossível competir com ela, que era tão linda e talentosa. E ela sabia disso.

Lembro-me de uma ocasião, tinha quase 13 anos, em que estávamos nos vestindo para ir a um casamento de um parente. Eu achava que estava muito bonita. Ela ficou perto de mim, em frente ao espelho, e disse: 'Eu sou a garota GGG – grandiosa, glamorosa e gloriosa. Você é a SSS – suave, simples e sincera'. Nunca me esqueci disso. Até hoje, quando alguém me elogia, eu penso: 'É porque você ainda não viu a minha irmã'."

"Eu também fui afetada pela minha irmã", disse uma mulher com voz discreta. Várias pessoas inclinaram-se em sua direção para escutá-la melhor. "Ela sempre foi... motivo de constrangimento para mim." Ela hesitou, respirou fundo e continuou: "Tenho a impressão, pelo que lembro, de que ela sempre teve problemas emocionais. Sempre fazia coisas esquisitas, e eu tinha de dar explicações para os meus amigos. Meus pais se preocupavam tanto com ela que eu sentia que tinha de ser a 'filha boa', aquela com quem eles poderiam contar. Mesmo sendo mais nova, sempre me senti como a mais velha.

Com o passar dos anos, a única mudança foi a piora da minha irmã. E sempre que a vejo – mesmo sabendo que ela não tem culpa – sinto certa mágoa, como se ela tivesse me impedido de ter uma infância normal."

Fiquei pasma ao ouvir tudo aquilo. Sempre tive consciência do poder que os pais possuem de moldar a vida de seus filhos, mas até então nunca tinha considerado o poder que os irmãos têm de afetar o destino um do outro.

Somente naquele grupo havia um adulto dizendo que ainda precisava ser o chefe sempre, outro que ainda se esforçava para não se sentir inferior, uma mulher que ainda sentia que nunca conseguiria ser suficientemente boa e outra que continuava sofrendo por ser a "filha boa". E tudo isso se devia principalmente à influência exercida por seus irmãos.

Enquanto tratava de digerir meus novos pensamentos, percebi que um participante estava contando algo. Então tentei me concentrar no que ele estava dizendo.

"... então na minha casa o meu pai é que era instável. Minha mãe era muito afetuosa, muito calma... Mas meu pai era um homem nervoso, tinha um temperamento incontrolável. Às vezes ele saía dizendo que ficaria fora por dois dias e só voltava depois de dois meses. Então nós nos uníamos para que um protegesse o outro. Os maiores cuidavam dos menores e todos começamos a trabalhar, depois da escola, logo após atingirmos a idade mínima para isso. Todos contribuíamos com o que ganhávamos. Se não nos uníssemos ninguém teria conseguido enfrentar a situação."

Ouviu-se um murmúrio: "Hummmm... que bonito..." Essa última história refletiu o maior anseio do grupo – ter filhos que ajudem uns aos outros, oferecendo amor, apoio e lealdade.

Uma participante disse: "Essa história me inspirou! O que você acabou de descrever é tudo que eu sempre quis. Mas ao mesmo tempo me desestimulou, pois já ouvi várias histórias de famílias em que os filhos se unem porque os pais têm problemas sérios. Seria terrível acreditar que meu marido teria de me abandonar para que meus filhos começassem a colaborar uns com os outros".

"Parece que se trata de um jogo de dados genético", um participante comentou. "Se você tiver sorte, conseguirá uma combinação ideal de filhos cujas personalidades combinam entre si. Se não, será o início de um problema. Mas, de qualquer jeito, isso está fora do nosso controle."

"Eu não concordo que esteja fora de nosso controle", outra mulher respondeu. "Ouvimos hoje muitos exemplos de pais que pioraram a situação entre seus filhos, que realmente os separaram. Decidi fazer parte desse grupo porque gostaria que meus filhos fossem amigos um dia."

Tive a impressão de já ter ouvido essas palavras. Disse: "Você me faz lembrar de mim mesma há dez anos. Só que eu estava obcecada por esse assunto. Pretendia me encarregar pessoalmente de que meus dois filhos se tornassem amigos. Como resultado, sujeitei-me a uma montanha-russa emocional. Cada vez que eles se davam bem ao brincarem juntos eu ficava encantada. Pensava: 'Puxa, eles *realmente* se gostam! Sou uma mãe maravilhosa!' E cada vez que eles brigavam eu me desesperava: 'Eles se odeiam e é por minha culpa!' Um dos dias mais felizes da minha vida foi o dia em que abandonei o sonho dos 'bons amigos' e o substituí por um ideal mais objetivo".

A mulher parecia confusa: "Não sei se entendi aonde você quer chegar", ela disse.

"Em vez de me preocupar com o estabelecimento da amizade entre os meninos", expliquei, "comecei a pensar em como equipá-los com as atitudes e habilidades de que eles necessitariam em todos os seus relacionamentos afetivos. Havia muitas coisas que eles precisavam saber. Eu não queria que eles ficassem obcecados para o resto da vida pela questão de quem estaria certo e quem estaria errado. Queria que eles fossem capazes de ultrapassar esse tipo de pensamento e aprendessem a realmente ouvir os outros, a respeitar suas diferenças, a encontrar formas de lidar com essas diferenças. Ainda que suas personalidades fossem tão diferentes a ponto de impossibilitar uma amizade entre eles, pelo menos eles teriam o poder de fazer amigos e ser amigos."

A participante parecia espantada. E eu sabia o porquê. Precisei de um longo tempo para aceitar a ideia que eu tinha exposto a ela tão rapidamente.

Eu disse: "É preciso que você considere que houve muitas vezes em que eu estava tão cansada, tão aborrecida ou tão brava com as crianças que sentia não ter forças para tentar mais nada. Mas quando conseguia ajudá-las a substituir a gritaria por uma discussão racional, eu me sentia ótima, via-me como uma mãe muito competente".

"Não sei se conseguiria fazer isso", ela afirmou nervosamente.

"Não há mistério. Todas as habilidades que eu usei você também pode usar", assegurei-lhe. "E você as usará a partir da semana que vem."

Ela deu um leve sorriso: "Pode ser que eu não aguente até lá. O que faço enquanto isso?"

Então falei para o grupo todo: "Vamos aproveitar essa semana para observar os fatores que causam brigas entre nossos filhos. Não desperdicem essas discórdias. Tomem nota de incidentes ou conversas que os incomodem. No nosso próximo encontro compartilharemos nossas descobertas, que serão o ponto de partida".

Depois da sessão, a caminho de casa, fiquei pensando nos meus filhos, já crescidos. Ainda está vívida em minha mente a conversa entre eles depois do jantar em família da semana passada.

De repente estava na minha sala de jantar novamente, tirando a mesa e ouvindo a conversa dos dois enquanto começavam a limpar a cozinha.

Primeiro eles brincaram com a divisão de tarefas, cada qual reivindicando um trabalho diferente e tentando se livrar das tarefas desagradáveis. Então, no momento em que comparavam suas faculdades e cursos – um era da área de ciências e o outro de artes –, a conversa ficou séria. Logo iniciaram um debate acalorado sobre quem seria mais importante para a sociedade, o artista ou o cientista. "Pense em Pasteur, por exemplo." "Sim, mas e Picasso?" Eles continuaram discutindo, cada qual tentando convencer o outro. Finalmente, eles se acalmaram e chegaram à conclusão de que *ambos* tinham valor.

Após uma calmaria momentânea, a conversa passou a tratar do passado. Uma raiva antiga foi resgatada e eles começaram a discutir de novo, desta vez sobre quem fez o que para quem e por que isso ocorreu, cada qual se explicando segundo sua nova posição de adulto. Pouco depois o humor mudou de novo. Com a menção de lembranças divertidas, os dois caíram na gargalhada.

Parecia que duas forças estavam em ação: uma que os separava, ao usarem as diferenças entre si como definidoras de suas identidades individuais, e outra que os aproximava, para que pudessem reconhecer seu relacionamento fraterno único.

Enquanto os escutava de longe, fiquei surpresa por manter-me tão calma. Percebi como era reduzido o meu envolvimento emocional na "temperatura" momentânea de seu relacionamento. Sabia que as diferenças de interesse e de temperamento que impediam que eles fossem mais próximos na infância ainda estavam presentes. Mas também sabia que, ao longo dos anos, eu os ajudara a construir pontes que permitiram a conexão entre suas identidades. Se um deles, algum dia, precisar aproximar-se do outro, poderá fazer isso de várias formas.

2. SOMENTE QUANDO OS MAUS SENTIMENTOS FOREM EXPRESSADOS...

A sessão seguinte começou informalmente, enquanto os participantes tiravam seus casacos. "Você sabe que foi útil tomar notas enquanto as crianças estavam brigando?", disse uma mãe. "Eu estava tão ocupada escrevendo que nem me aborreci."

"Queria poder dizer o mesmo", outra participante comentou. "No fim da semana, eu mal conseguia olhar para a minha filha mais velha."

Ela pegou seu caderno de anotações e o abriu na primeira página. "Vocês querem ouvir a lista dos xingamentos que ela dirigiu à irmã, hoje, no café da manhã?

'Estou contente porque não estou sentada perto de você.

Você fede.

Papai gosta mais de mim do que de você.

Você é feia.

Você não sabe o alfabeto.

Você precisa da mamãe para amarrar seus sapatos.

Eu sou mais bonita que você.'"

Houve murmúrios empáticos dos outros, que estavam se sentando.

"Eu achava que meu filho superaria esse tipo de crueldade infantil", afirmou, aborrecido, um pai. "Mas agora ele é adolescente e ainda atormenta o irmão. Nem posso repetir alguns dos xingamentos que ele usa."

"Não entendo por que alguns deles se tornam tão mesquinhos", disse uma mãe. "Meu filho de 5 anos puxa o cabelo do nenê, põe os dedos no nariz dele, nos ouvidos, nos olhos. O menor tem sorte de ainda ter olhos."

Eu sabia exatamente do que eles estavam falando. Lembro-me da minha própria perplexidade e raiva quando encontrei meu bebê com dois arranhões grandes nas costas e meu filho de três anos parado ao lado, com um sorriso maldoso no rosto. Que criança terrível! Por que ele fez isso?

Para nos ajudar a entrar em contato com a fonte da "maldade" de nossos filhos, eu apresentei ao grupo o exercício descrito a seguir. (Caro leitor: pode ser útil anotar as suas reações. Se você for homem, substitua "marido" por "esposa" e "ele" por "ela" no decorrer do exercício.)

Imagine que seu cônjuge a abrace e diga: "Querida, gosto tanto de você e você é tão maravilhosa que eu decidi arrumar mais uma esposa, exatamente como você".

Sua reação: _____

_____

_____

Quando a nova esposa finalmente chega, você nota que ela é muito bonita e simpática. Quando vocês três estão juntos, as pessoas a cumprimentam dizendo, educadamente: "Olá!"; já para a recém-chegada exclamam com entusiasmo: "Mas ela é maravilhosa! Oi, querida... Você é tão linda!" Então, elas se voltam para você e perguntam: "Você gosta da nova esposa?"

Sua reação: _____

_____

_____

A nova esposa precisa de roupas. Seu marido abre o seu armário, pega algumas blusas e calças e as dá para ela. Quando você protesta, ele diz que, como você engordou um pouco, as roupas ficaram muito apertadas para você, sendo que vão servir perfeitamente na nova esposa.

Sua reação: _____

_____

_____

A nova esposa está amadurecendo rapidamente. A cada dia ela parece ficar mais esperta e mais hábil. Certo dia, enquanto você está tentando descobrir como usar o computador que ganhou do seu marido, ela aparece no seu quarto e diz: "Posso usá-lo? Eu já sei como ele funciona".

Sua reação: _____

_____

_____

Quando você responde dizendo que ela não pode usar o seu computador, ela vai correndo contar ao seu marido, aos prantos. Depois de algum tempo ela volta junto com ele. As lágrimas correm pelo seu rosto. Seu marido a abraça e lhe diz: "Que mal há em deixar que a nova esposa use o seu computador? Por que você não quer compartilhá-lo?"

Sua reação: _____

_____

_____

Um dia, você vê seu marido e a nova esposa deitados na cama. Ele está fazendo cócegas nela, que está rindo. De repente, o telefone toca e ele atende. Então diz que algo importante aconteceu e que precisa sair imediatamente. Pede que você fique em casa com a nova esposa e tome conta dela direitinho.

Sua reação: _____

_____

_____

As suas reações não foram nada amorosas? As pessoas no nosso grupo logo admitiram que por trás das aparências, dos comportamentos respeitáveis e civilizados, esconde-se uma inclinação à mesquinharia, à crueldade, ao ressentimento e aos pensamentos de vingança, tortura e assassinato. Mesmo aqueles que pensavam ser pessoas seguras e com a autoestima elevada ficaram surpresos ao descobrir como a simples presença do "outro" poderia irritá-los ou ameaçá-los.

"Uma coisa me intriga", disse uma mãe. "Esse exercício implica que só o mais velho se sente assim. Na minha casa é a mais nova que se sente ameaçada e com raiva. Apesar de só ter 18 meses, ela ataca seu irmão de 4 anos sem que ele a provoque. Ontem ela veio por trás, enquanto ele assistia à televisão, e bateu na cabeça dele com seu chocalho. E hoje de manhã mesmo ela estava deitada na cama comigo, tomando sua mamadeira sossegadamente, só que, no instante em que seu irmão tentou deitar ao meu lado, ela parou de beber e deu-lhe um empurrão tão forte que ele caiu no chão."

Então tivemos uma longa discussão sobre os sentimentos do caçula. Vários outros pais fizeram relatos sobre caçulas agressivos, que apresentavam a necessidade de desafiar os mais velhos desde cedo. Outros falaram sobre os filhos menores que idolatravam um irmão ou irmã maior, e ficavam magoados ou confusos com a rejeição de seus irmãos. E um pai nos contou o caso de um caçula que se sentia oprimido e desencorajado por sentir que nunca seria tão bom quanto o mais velho.

Um pai parecia aborrecido com o rumo que nossa discussão estava tomando. "Francamente", ele disse, "acho que tem havido muito exagero no que diz respeito aos sentimentos. Já não aguento mais todo esse sentimentalismo em casa. Quando chego do trabalho, depois de um longo dia, minhas três filhas gritam entre si, minha mulher grita com elas, e todas vêm correndo falar comigo, reclamando umas das outras. Não quero saber quem sente o que ou por que sentem isso! Só quero que essa ladainha acabe."

"Posso entender sua impaciência e frustração", respondi a ele. "Mas aí está a ironia: se quisermos ter alguma esperança de acabar com o problema, as mesmas emoções que desejamos expulsar precisam ser confrontadas, acolhidas e tratadas com respeito."

Ele se sentou, franzindo a testa para mim.

"Sei como pode ser incômodo ouvir um filho atacando o outro. Porém, se nós proibirmos a expressão dessa raiva, ela poderá permanecer apenas encoberta e reaparecer sob outras formas, inclusive sintomas físicos e problemas emocionais."

O pai parecia cético.

"Tomemos como exemplo o que ocorre conosco, os adultos, quando a expressão dos sentimentos negativos não é permitida. Voltemos à analogia do novo marido/nova esposa. Suponha..."

"Eu não acredito que essa comparação caiba aqui", observou outro pai. "Afinal, ter uma segunda esposa é algo que não se enquadra na norma cultural do Ocidente. Nem mesmo é legal, ao passo que é normal e legal que os pais tenham mais de um filho."

"De fato", repliquei, "mas, para completarmos esse exercício, digamos que as normas tenham mudado e o segundo casamento tenha sido decretado por lei. Devido à falta de homens ou mulheres no país, uma nova legislação foi instituída, tornando obrigatório àqueles cujo sexo possui menos representantes ter mais de um cônjuge."

"Está bem", disse ele de forma relutante. "Posso fazer essa suposição."

"Claro", afirmou, em tom jocoso, uma mulher, "pois você faz parte do grupo com menos representantes!"

Esperei até que as risadas arrefecessem. Então continuei: "Já faz um ano que o novo cônjuge chegou em casa. Em vez de acostumar-se com a sua presença, você se sente pior ainda. Às vezes se pergunta se há algo de errado com você. Um dia, enquanto você está sentado/a na beirada da cama, sentindo-se triste e magoado/a, seu/sua companheiro/a entra no quarto. Não conseguindo mais se controlar, você explode: *'Não quero mais essa pessoa aqui em casa. Estou muito infeliz. Por que você não se livra dele/dela?'*"

Seu cônjuge reagirá de várias maneiras. Descreva sua reação a cada uma das respostas a seguir.

1. Isso é bobagem. Você está sendo ridículo/a, não tem motivo para se sentir assim.

Sua reação: _____

_____

_____

2. Você me deixa muito bravo/a quando fala desse jeito. Se você se sente assim, por favor guarde seus sentimentos para você, eu não quero ouvir nada disso.

Sua reação: _____

_____

_____

3. Você está me colocando numa posição difícil, quer que eu faça o impossível. Você sabe muito bem que eu não posso me livrar dele/a. Agora nós somos uma família.

Sua reação: _____

_____

_____

4. Por que você sempre é tão negativo/a? Encontre um jeito de melhorar a situação e não fique reclamando de cada coisinha.

Sua reação: _____

_____

_____

5. Eu não me casei de novo só por minha causa. Sei que às vezes você fica muito sozinho/a e pensei que você gostaria de ter uma companhia.

Sua reação: _____

_____

_____

6. Ah, amor, pare com isso. Por que outra pessoa teria alguma coisa a ver com os meus sentimentos por você? Eu tenho amor suficiente para vocês dois/duas.

Sua reação: _____

_____

_____

Mais uma vez o grupo ficou admirado com suas reações. Eis uma lista de adjetivos que alguns participantes utilizaram para expressar como se sentiram: bobo, culpado, errado, louco, fracassado, impotente, abandonado.

Outros disseram: "Meu eu verdadeiro é inaceitável"; "Devo ser uma pessoa má"; "Tenho de fingir que estou satisfeito com essa situação para ao menos manter o restinho de amor que sobrou para mim"; "Não tenho com quem falar, ninguém se importa comigo".

No entanto, o sentimento que mais surpreendeu a todos foi o desejo intenso de ferir, a qualquer custo. Eles queriam prejudicar o recém-chegado, feri-lo fisicamente; a possibilidade de se ferir ou provocar a ira do companheiro não tinha importância. O risco teria valido a pena se conseguissem diminuir o valor do intruso aos olhos de seu cônjuge. E, além disso, também queriam ferir seu companheiro punindo-o por lhes causar tanto sofrimento.

Contudo, quando consideramos as palavras que causaram essa reação "exagerada", tivemos de admitir que não eram falas incomuns, pelo contrário. É normal que se tente lidar com as emoções "irracionais" da outra pessoa usando de negação, lógica, dando conselhos ou tranquilizando-a.

Quando perguntei aos participantes do grupo o que queriam que seu companheiro fizesse, eles responderam de forma unânime: "Livrar-se dela!"; "Livrar-se dele!" Ouvimos muitas risadas seguidas de algumas preocupações.

"Se meu marido se livrasse dela só porque eu tinha pedido, eu ficaria assustada. Pensaria que ele poderia fazer o mesmo comigo um dia."

"Meu marido teria de me dizer que me ama mais e que ela não significa nada para ele."

"Eu poderia acreditar nisso na hora, mas, depois, eu pensaria: 'Será que ele falou a mesma coisa para ela?'"

"Então, pessoal, o que seria preciso para deixá-los satisfeitos?", perguntei, em tom de brincadeira.

Depois de uma breve pausa, começaram a falar.

"Eu queria ter a liberdade de falar com o meu companheiro sobre todas as coisas desagradáveis – verdadeiras ou não – e as minhas críticas em relação à nova esposa, com a garantia de que ele nunca a defenderia, nem me desvalorizaria, nem ficaria bravo."

"E de que não olharia para o relógio."

"Nem ligaria a televisão."

"O principal para mim seria ter certeza de que ele realmente tinha entendido como eu me sentia."

De repente me ocorreu que a maioria das respostas tinha vindo das mulheres do grupo. Teria sido pelo fato de que o exercício enfatizava a "nova esposa", e não o "novo marido"? Ou seria porque as mulheres em nossa sociedade são mais incentivadas a expressar seus sentimentos do que os homens?

Então, resolvi me dirigir aos homens: "Suas 'esposas' acabaram de descrever o que precisam. Vou pedir a vocês que tentem atendê-las. Como vocês responderiam à seguinte fala de sua esposa: "Não quero mais essa pessoa aqui em casa. Estou muito infeliz. Por que você não se livra dela?"

Eles olharam para mim sem saber o que dizer.

Reformulei a tarefa. "O que poderiam dizer à sua esposa para que ela percebesse que vocês entenderam seus sentimentos?"

Surgiram alguns olhares de preocupação. Finalmente, uma alma corajosa resolveu arriscar um palpite: "Não sabia que você se sentia assim".

Outro participante tomou coragem: "Não sabia que você se sentia tão mal".

Mais um deu a sua contribuição: "Estou começando a ver como essa situação é difícil para você".

Em seguida, voltei-me para as mulheres: "E o que vocês poderiam dizer ao seu companheiro para que ele soubesse que vocês entenderam os sentimentos dele em relação ao novo marido?"

Alguém levantou a mão. "Deve ser muito difícil para você que ele fique por perto o tempo todo."

Outra participante disse: "Fale quanto quiser sobre o que o está incomodando".

E finalmente: "Quero saber como você se sente... porque seus sentimentos são muito importantes para mim".

Ouviu-se um suspiro. Algumas pessoas aplaudiram. Era evidente que tinham gostado do que acabaram de ouvir.

Dirigi-me ao pai que tinha reclamado do sentimentalismo exagerado: "O que você acha?"

Ele riu meio sem graça e disse: "Acho que essa é uma indireta sua para nos mostrar que deveríamos falar com nossos filhos desse jeito em vez de tentar calá-los".

Acenei a cabeça positivamente. "Mesmo sendo adultos representando um papel percebemos como é reconfortante ter alguém que ouça nossos sentimentos negativos. Com as crianças não é diferente. Elas precisam expor seus sentimentos e desejos em relação a seus irmãos. Inclusive os desagradáveis."

"É", ele respondeu, "mas os adultos têm autocontrole. Se permitirmos que as crianças expressem todos os seus sentimentos, meu medo é que elas partam para a ação."

"É essencial fazer uma distinção entre permitir a expressão de sentimentos e permitir ações", expliquei. "Devemos permitir aos filhos que exponham todos os seus sentimentos. Não devemos permitir que machuquem uns aos outros. Nossa tarefa é mostrar-lhes como expressar a raiva sem prejudicar ninguém."

Peguei o material que eu havia preparado para o workshop e comecei a distribuí-lo. "Com a ajuda destes quadrinhos vocês verão como essa teoria pode ser posta em prática com crianças pequenas, maiores e com adolescentes."

Passamos o resto da noite estudando os quadrinhos; discutimos as habilidades apresentadas e experimentamos algumas.

"Na próxima vez que meu filho reclamar dizendo que a vovó fica muito tempo com o bebê, talvez eu deva responder algo como: 'Você queria que ela ficasse mais tempo com você'."

EM VEZ DE REJEITAR OS SENTIMENTOS NEGATIVOS DIRECIONADOS AO IRMÃO, ACEITE-OS

EM VEZ DE...

EXPRESSE OS SENTIMENTOS COM PALAVRAS

EM VEZ DE...

EXPRESSE OS SENTIMENTOS COM PALAVRAS

EM VEZ DE...

EXPRESSE OS SENTIMENTOS COM PALAVRAS

OFEREÇA AOS FILHOS NA FANTASIA O QUE ELES NÃO PODEM TER NA REALIDADE

EM VEZ DE...

EXPRESSE O POSSÍVEL DESEJO DA CRIANÇA

EM VEZ DE...

EXPRESSE O POSSÍVEL DESEJO DA CRIANÇA

EM VEZ DE...

EXPRESSE O POSSÍVEL DESEJO DA CRIANÇA

AJUDE AS CRIANÇAS A CANALIZAR SENTIMENTOS HOSTIS PARA ATIVIDADES SIMBÓLICAS OU CRIATIVAS

EM VEZ DE...

ENCORAJE A EXPRESSÃO CRIATIVA

EM VEZ DE...

ENCORAJE A EXPRESSÃO CRIATIVA

EM VEZ DE...

ENCORAJE A EXPRESSÃO CRIATIVA

ACABE COM O COMPORTAMENTO AGRESSIVO. MOSTRE COMO DESCARREGAR A RAIVA COM SEGURANÇA. EVITE AGREDIR O AGRESSOR

EM VEZ DE...

APRESENTE JEITOS MAIS SAUDÁVEIS DE EXPRESSAR A RAIVA

EM VEZ DE...

APRESENTE JEITOS MAIS SAUDÁVEIS DE EXPRESSAR A RAIVA

EM VEZ DE...

APRESENTE JEITOS MAIS SAUDÁVEIS DE EXPRESSAR A RAIVA

"Agora, quando a Laura tentar bater no irmão, eu lhe direi que concentre sua raiva na voz em vez de nas mãos."

Todos estavam tentando descobrir como aplicar essas novas habilidades aos problemas de relacionamento entre irmãos que enfrentavam em casa.

Em determinado momento, quando já estava quase na hora de ir embora, notei que alguns participantes pareciam comovidos.

Ao nos prepararmos para sair, surgiram alguns comentários.

"Quem consegue se lembrar disso tudo?"

"Estou me sentindo péssima. Eu já disse aos meus filhos tudo que nós não devemos dizer."

"Isso é demais para mim. Acho que seria mais fácil mandar as crianças para o psicólogo uma vez por semana."

"Uma vez por semana? Do jeito como as coisas andam com os meus filhos o psicólogo teria de morar conosco."

Enquanto ouvia, pensei: "É muito difícil ficar assim, no meio do caminho, tendo noção do que é errado, mas sem saber bem como fazer o que é certo". Não era de admirar que todos estivessem preocupados.

No entanto, por já ter passado por isso, eu sabia que o incômodo seria apenas temporário. Com o tempo, a prática e um pouco de êxito, eles logo perceberiam que nenhuma daquelas habilidades estava além de sua capacidade. Talvez ainda não soubessem, mas já estavam tomando o rumo certo.

Lembrete:

É preciso que os sentimentos de um irmão em relação ao outro sejam reconhecidos

FILHO: Eu vou matar o Pedro! Ele pegou meus patins novos.

Por meio da menção de palavras que identifiquem seus sentimentos

"Você está furioso!"

ou

Por meio da expressão das expectativas
"Você esperava que ele pedisse permissão antes de usar as suas coisas."

ou

Por meio da proposição de atividades simbólicas ou criativas
"E se você deixasse um aviso dizendo "propriedade privada" na porta do seu armário?"

É preciso interromper as ações agressivas das crianças

"Pare com isso! É errado machucar as pessoas!"

Devem-se apresentar a elas formas aceitáveis de descarregar a raiva

"Mostre para ele *com palavras* que você ficou com raiva. Diga: 'Eu não quero que você use meus patins sem a minha permissão!'"

AS PERGUNTAS

As pessoas voltaram da sessão sobre o reconhecimento dos sentimentos repletas de perguntas e ansiosas por compartilhar o que tinha acontecido em casa. Primeiro, vamos às perguntas.

Tentei mostrar ao meu filho que eu tinha consciência de sua raiva. Cheguei a lhe dizer: "Eu sei que você odeia o seu irmão". No entanto, isso apenas fez que ele ficasse com mais raiva. Ele gritou: "Não, não é isso!" O que estou fazendo de errado?

A maioria das crianças apresenta emoções variadas em relação a seus irmãos, sendo que muitas ficam sem jeito ou ressentidas quando ouvem que só sentem raiva. Seria melhor dizer: "Parece que você sente duas coisas diferentes pelo seu irmão. Em alguns momentos você gosta bastante dele; em outros, ele o irrita muito".

Mas o que se pode fazer quando uma criança lhe diz constantemente que odeia o irmão? Quando digo: "Eu já entendi que você o odeia", ele responde, gritando: "É, odeio!" Então continuo: "Nossa, você realmente o odeia!", e ele grita: "É, odeio mesmo!" E nunca conseguimos chegar a lugar nenhum.

Para que possamos ajudar uma criança a parar de alimentar sua raiva, devemos reafirmar suas emoções usando uma linguagem que lhe possibilite seguir em frente. As seguintes frases podem ser úteis:

"Estou vendo como você está bravo com o Davi."
"Ele fez alguma coisa que deixou você muito irritado."
"Ele disse alguma coisa que deixou você muito nervoso."
"Você gostaria de falar mais sobre isso?"

Eu sempre falo para a minha filha de 3 anos: "Não bata na sua irmã. Vá para o seu quarto e bata na sua boneca em vez de bater nela". Mas ela se recusa e vai de novo atrás da irmãzinha. Devo continuar usando esse recurso?

Existe uma diferença entre mandar que uma criança se afaste de você para ir bater na boneca e mandar que uma criança expresse seus sentimentos por meio do uso de sua boneca, enquanto você a observa. Seria melhor dizer: "Não posso deixar você bater na sua irmã, mas você pode me mostrar como se sente usando a sua boneca".

O segredo é dizer "mostre-me". Enquanto a criança aponta o dedo para a boneca, ou bate nela, o pai pode nomear aquilo que a criança está tentando expressar.

"Você está mesmo zangada com a sua irmã."
"Às vezes ela deixa você com muita raiva!"
"Estou contente por você ter me mostrado como se sente. Se alguma vez se sentir assim de novo, não se esqueça de contar para mim."

Tentei fazer que minha filhinha de 3 anos usasse sua boneca para me mostrar como ela se sente em relação ao bebê. Mas, quando ela bateu com a cabeça da boneca no chão, concluí que, apesar de poder ser bom para ela, eu não podia ficar ali olhando para aquilo. Sou a única a me sentir assim?

Você não é a única. Outros pais que tiveram reações semelhantes à sua se sentiram mais confortáveis quando seus filhos começaram a usar travesseiros velhos, argila, guache ou lápis de cor como meios de expressão.

"Você pode fazer um desenho que mostre como você se sente?"

"Essas linhas pretas em ziguezague indicam que você está nervoso!"

"O modo como você sacode o travesseiro me mostra quanta raiva você está sentindo."

E se não houver objetos disponíveis, sempre podemos usar as palavras: "Não posso deixar que você belisque o bebê, mas você pode me mostrar com palavras como está bravo. Você pode dizer bem alto: 'Estou BRAVO!'"

Noto que, quando os parentes nos visitam e ficam paparicando e elogiando a nenê, o meu filho de 5 anos fica murcho. Depois, ele desconta sua frustração nela. Há alguma coisa que eu possa fazer?

Não seria perfeito se pudéssemos simplesmente amordaçar essa gente com tão boas intenções? Ainda que não possa alertar os parentes quanto ao problema com antecedência, você pode poupar seu filho de parte do sofrimento falando abertamente sobre o que ele estaria sentindo.

"Aposto que deve ser duro ver todos paparicando a sua irmã, dizendo o tempo todo que ela é uma coisinha fofa – embora você saiba que eles fizeram a mesma coisa com você quando tinha a idade dela. Se isso acontecer de novo, dê uma piscadinha para mim, e eu vou piscar de volta para você. Será o nosso segredo."

Meu filho parece não ser capaz de enxergar as coisas do ponto de vista de sua irmã. Ultimamente, tenho lhe perguntado: "Como você se sentiria se ela fizesse isso com você?" Mas ele nunca responde nada. Por que isso acontece?

A pergunta o deixa numa posição difícil: se ele lhe respondesse honestamente, teria de admitir que estava errado. Se você quer que seu filho considere outro ponto de vista, faça uma afirmativa que lhe dê crédito: "Tenho certeza que você pode imaginar como se sentiria se isso acontecesse com você". Então, ele terá de pensar: "Posso imaginar isso? Como seria?" Mas não terá a obrigação de responder a ninguém a não ser a ele próprio, e isso é muito bom.

Minha filha adolescente se queixa constantemente de seu irmão, e algumas vezes as reclamações vão além do que eu posso suportar. Tenho de escutá-la sempre que ela vier falar comigo?

Todos nós passamos por momentos em que não toleramos escutar certas coisas. E é importante que nossos filhos saibam disso. Você pode dizer à sua filha: "Sei que você está aborrecida com o seu irmão, mas neste momento ouvir toda a história vai ser muito difícil para mim. Vamos conversar sobre isso depois do jantar?"

Certa vez, uma mãe que achou que tinha pouca paciência para aguentar as constantes queixas comprou, para cada um dos seus filhos, um caderno pessoal de queixas, para que escrevessem ou desenhassem nele quando estivessem com raiva do irmão. Os cadernos começaram a ser usados imediatamente, e houve uma diminuição considerável no número de solicitações feitas à mãe.

AS HISTÓRIAS

Há muitos anos trabalho com grupos e sempre fico admirada com a rapidez com que os pais, após somente uma ou duas sessões, são capazes de colocar a teoria em prática, de um jeito ao mesmo tempo adequado e original. Muitas das experiências relatadas a seguir aparecem da maneira como foram escritas ou contadas ao grupo. Algumas passaram por uma revisão mínima. Somente os nomes das crianças foram mudados.

Os dois primeiros relatos surpreenderam a todos. São histórias de irmãos que, ainda no útero, já começaram a causar problemas.

Estou no sétimo mês de gravidez. Quando contei para a Taís, que tem 5 anos, que eu teria um bebê, ela não disse nada. Mas na semana passada ela mexeu na minha barriga e disse: "Odeio o bebê". Fiquei chocada, mas achei que foi bom ela ter falado sobre isso. Eu sabia que ela sentiria ao menos um pouco de rancor; como ela se sentiu à vontade para falar comigo sobre isso, concluí que ela confiava em mim. Mas apesar de estar preparada para isso – praticamente esperando que acontecesse –, foi como uma pequena bomba.

Eu disse: "Estou contente por você ter me contado, Taís. Você acha que com a chegada do bebê a mamãe talvez não tenha tempo para você?" Ela balançou a cabeça afirmativamente. Então avisei: "Quando você sentir falta de mim, basta me dizer, e então arranjarei mais tempo para ficar com você".

O efeito da bomba foi controlado, e ela não tocou no assunto desde então.

★ ★ ★

Quando minha esposa e eu contamos ao Michel (6 anos) que sua mãe estava grávida, ele ficou agitado. Então pensou no que acabara de ouvir por um minuto e disse: "De jeito nenhum!" Naquela noite ele começou a fazer xixi na cama.

Depois que a nenê nasceu, ele não demonstrou animosidade em relação a ela. Para nossa surpresa, ele se comportou muito bem: segurou-a, tomou conta dela, tentava protegê-la. Mas com a mãe a história foi bem diferente... Tentou chutá-la... bater nela. Ela o impediu. Disse: "Não vou deixar que me bata!" Então Michel começou a fazer sujeira pela casa, espalhando pasta de dente por todos os cantos. Além disso, recebemos um telefonema da professora dele. Ela disse que ele tinha parado de escutá-la e não conseguia prestar atenção.

Carla e eu conversamos sobre o assunto e imaginamos que talvez ele estivesse agindo daquele modo por nunca termos dado uma chance para que externasse seus sentimentos. Comecei a dizer para ele algumas das coisas mencionadas pelo grupo, como: "Pode ser que você fique com raiva ao ver a mamãe ocupada com o bebê o tempo todo – dando de mamar, trocando a fralda". E Carla complementou: "Muitas vezes, quando a mãe acaba de ter um bebê, seus outros filhos pensam que ela não os ama mais. Se alguma vez você sentir isso, conte-me imediatamente e eu lhe darei um abraço especial". Estamos também nos revezando para dar-lhe atenção exclusiva – longe do bebê.

Isso ajudou muito. Em casa, o comportamento dele melhorou bastante. E, em uma reunião da escola, a professora disse: "É incrível! Não sei o que aconteceu com o Michel. Agora ele é um dos meus melhores alunos. É o melhor do grupo em leitura".

A próxima história é sobre uma mãe que tenta aplicar suas novas habilidades ao relacionamento com o filho Hélio, de 10 anos de idade. De algum modo, ela consegue reconhecer os sentimentos do filho, apesar de suas declarações deixarem-na furiosa.

Alguns dias após a sessão da semana passada, as crianças demoraram muito para voltar da escola. Demoraram tanto que saí para procurá-las. Então eu vi o Oscar (de 6 anos) descendo a rua e chorando incontrolavelmente. E logo atrás vinha seu irmão Hélio (de 10).

Corri até lá, e o Oscar, aos soluços, disse que o Hélio tinha batido nele, depois o jogara no chão e o chutara.

Fiquei furiosa. Quis bater no Hélio, mas me contive. Em vez disso, abracei o Oscar e tentei confortá-lo o máximo que pude. Quando finalmente se acalmou, eu lhe dei um lanche e ele saiu para brincar.

Durante todo esse tempo, o Hélio ficou rodeando-nos e observando a distância. Assim que o Oscar saiu, ele disse: "Quando você vai ouvir o meu lado da história?" "Agora", respondi. Ele então me contou que três crianças no ônibus tentaram bater nele e que ele largou sua mochila e correu para o mato para escapar delas; quando já não havia perigo, ele viu que o Oscar tinha pegado sua mochila, e ele não tinha o direito de fazer aquilo. Assim, não havia nada de errado quanto ao fato de ter batido no irmão. "O Oscar pediu para apanhar."

O Hélio deu sorte, pois naquela altura eu já havia participado do workshop. Eu me forcei a dizer: "Então você acha que o fato de o Oscar ter levado sua mochila para casa justifica a surra que você deu nele".

"É isso mesmo!", respondeu bem alto. "Era a *minha mochila!*"

Eu não sabia o que dizer depois disso, então fui para a cozinha para fazer o jantar. Após algum tempo, o Hélio me seguiu e ficou parado, em silêncio, perto de mim. Olhei para ele, e ele disse em voz baixa: "Quero contar uma coisa, mas não consigo".

Eu lhe respondi que estava pronta para ouvir. Ele ficou imóvel, muito triste, não conseguia dizer nada. Então perguntei: "Você quer escrever?"

Ele pegou um papel e escreveu: "Acho que eu posso ter machucado muito o Oscar".

Eu só disse: "Ah!"

Ele continuou lá, parado, parecendo estar muito infeliz.

"Você está se sentindo muito mal por causa disso."

Ele acenou com a cabeça indicando que sim, que estava mesmo se sentindo mal. Naquele momento todos os seus sentimentos relacionados ao incidente vieram à tona. Ele estava com raiva... aquelas crianças realmente o assustaram... e, finalmente: "Então, mamãe, se aqueles meninos não tivessem me perseguido, eu não teria batido no Oscar".

Respondi: "Eu entendo".

Durante o resto do dia, o Hélio tratou o Oscar melhor do que nunca.

Um pai criou um modo completamente original de reconhecer a hostilidade de sua filha em relação ao irmão. Ele não somente traduziu os sentimentos dela em palavras como também passou essas palavras para o papel.

Na noite passada, a Júlia se queixou muito do seu irmão. Tentei dizer-lhe que havia entendido, mas ela estava tão concentrada na queixa que nem me ouviu. Então peguei um lápis e tentei anotar tudo que ela estava dizendo:

1. A Júlia se opõe com veemência ao comportamento do Márcio de pegar a extensão e escutar as conversas dela ao telefone.
2. Ela detesta o barulho que ele faz ao comer e sua mania de cutucar os dentes com o garfo. Ela acha isso nojento.
3. Ela acredita que ele não tem o direito de entrar no seu quarto sem bater. Fica muito brava quando lhe pede que saia e ele ri.

Quando parou para respirar, eu li tudo para ela, que ficou muito interessada em ouvir suas próprias palavras. Eu lhe perguntei se tinha algo mais a dizer. Tinha. Ela acrescentou mais duas queixas, as quais também anotei.
Então eu disse: "O Márcio é quem deveria ver esta lista. Mas acho que seria difícil demais para qualquer um receber cinco queixas de uma vez. Você pode escolher uma ou duas que a incomodem mais?"
Ela releu a lista, circulou dois itens e colocou o papel no bolso.
Não tenho ideia do que aconteceu depois disso. Estou curioso para saber, mas acho que é melhor não perguntar.

De acordo com o seu novo modo de pensar, os pais ficaram ansiosos para ver o que aconteceria se eles dessem a seus filhos no mundo imaginário aquilo que não podiam dar no mundo real. Os resultados muitas vezes os surpreenderam.

O Renato, de 5 anos, procurou-me, chorando, pois tinha uma longa lista de reclamações. Bruno fez isso e aquilo, expulsou-o do quarto e o chamou de peste.

MÃE: Isso deve ter sido muito chato. Você preferiria que ele lhe dissesse educadamente que queria ficar sozinho.

RENATO: (Não diz nada, mas para de chorar.)

MÃE: Você queria que ele falasse: "Entre, Renato. Vamos brincar!"

RENATO: É, e que ele me deixasse usar o telescópio.

MÃE: Durante o tempo que você quisesse.

RENATO: E que me desse alguns dos seus adesivos. Eu faria isso se tivesse um irmão menor.

MÃE: Você sabe exatamente as qualidades que teria se fosse o irmão mais velho, né?

BRUNO: É! Tenha um nenê!

Após a súbita inspiração do Bruno, não soube mais o que dizer.

Um dos problemas que surgiram com o aprendizado dessas novas habilidades foi a pressão que os pais se impuseram relacionada à obrigação de agir ou falar corretamente o tempo todo. Felizmente, eles logo descobriram que em se tratando de crianças sempre há uma segunda chance. Eis como um pai mudou de estratégia, bem no meio de uma confrontação séria.

O aniversário da Lúcia, de 8 anos, causou irritação e ressentimento a Paulo, de 11 anos. Ele se recusava totalmente a cooperar. Quando sua mãe lhe pediu que guardasse suas coisas, que estavam espalhadas no chão, no local em que a festa aconteceria, ele disse: "Não enche!" Fiquei muito irritado; disse-lhe que estava sendo malcriado e o mandei para seu quarto. Ele foi, e fez questão de bater a porta com toda a sua força.

Não esperava que ele se comportasse de modo tão infantil. Afinal, já tinha 11 anos. Então me ocorreu que, mesmo com essa idade, toda a agitação e os preparativos para a festa da Lúcia poderiam tê-lo irritado. Quando fui ao seu quarto usei uma abordagem mais compreensiva.

Falei para ele: "Acho que deve ter sido bem chato ficar ouvindo conversas sobre a festa a semana toda. Especialmente quando o seu aniversário está tão distante".

"Ainda faltam cinco meses', disse com raiva.

"Achei que eram seis."

Ele contou nos dedos: "Abril, maio, junho, julho, setembro".

"E agosto?"

"Nossa! Eu me esqueci de agosto. Agosto bobo. Então falta mais tempo ainda."

"Aposto que você queria que o próximo mês já fosse outubro, para começar a planejar a sua festa agora."

Ele sorriu pela primeira vez naquele dia. Então, após conversarmos mais um pouco, eu saí.

Alguns minutos mais tarde ele já estava no local da festa, assobiando e ajudando a limpar tudo.

O grupo demorou a aceitar a ideia de que os sentimentos negativos das crianças deveriam ser canalizados para alguma forma de expressão criativa. Uma mãe nos contou que, nas poucas vezes em que ela insistiu com as crianças para que escrevessem ou desenhassem, elas se recusaram. Então alguém argumentou que, como as crianças tendem a imitar o comportamento dos pais, ela poderia, na próxima vez em que ficasse zangada com alguém, desenhar ou escrever na frente dos filhos.

Ela escutou polidamente, mas pareceu duvidar do método proposto. Na sessão seguinte, entretanto, ela relatou o que aconteceu quando colocou o conselho em prática.

Na manhã após a nossa sessão, minha televisão ficou completamente fora do ar. Chamei o técnico da assistência mais próxima de nossa casa, o qual veio imediatamente. Em menos de dez segundos ele diagnosticou o problema: a tomada não estava bem encaixada. Ele mexeu no plugue e o aparelho funcionou. Senti-me uma idiota.

Então ele me cobrou por um conserto completo. Tentei fazê-lo mudar de ideia, mas ele estava irredutível. Ao sair, ele se virou e disse: "Não se aborreça com isso. Não vale a pena!"

Eu quis xingá-lo, mas as crianças estavam ali, observando. Então peguei um bloco de papel grande e escrevi no alto da página:

Estou FURIOSA!
Odeio aquele técnico. Ele é um ladrão.
É um malandro aproveitador!
Nunca o chamarei de novo.
Vou contar a todos os vizinhos o que ele fez.

Então o desenhei, fiz um retrato bem feio: ele estava mostrando a língua e tinha cifrões onde deveriam estar os olhos.

Senti-me melhor. Acabei rindo do retrato grotesco. Quando meu marido voltou para casa, as crianças não viam a hora de lhe contar o que havia acontecido.

A princípio ele ficou bastante aborrecido; mas, quando viu o retrato, caiu na gargalhada.

Isso foi só o início. Desde então meus filhos não pararam de escrever e desenhar. Eis o que meu filho de 10 anos escreveu a respeito do irmão mais velho:

LISTA DOS DEFEITOS DE ALEX:

1. Bobeira
2. Burrice
3. Imbecilidade
4. Retardamento mental
5. Deboche
6. Maldade
7. Folga
8. Estranheza
9. Esquisitice
10. Caretice

CONCLUSÕES

Se você vier a conhecer o Alex, imediatamente vai odiá-lo. Essa informação é confidencial.

Serviço Secreto

Irmãos sem rivalidade

Eis um desenho que minha filha me entregou um dia desses. Esta foi a explicação que recebi: "O Alex quebrou meu giz de cera vermelho de propósito. Este desenho é para mostrar como eu fiquei brava".

Dois pais do nosso grupo estavam enfrentando um problema difícil. Cada um deles tinha um filho que estava atacando fisicamente e machucando um irmão menor. Apesar de ambos se esforçarem para colocar em prática todas as novas habilidades, a que eles mais usavam era a que os instruía a dizer: "Mostre a ele com *palavras*!"

As palavras ditas pelos filhos eram violentas, sendo que muitas vezes horrorizavam os pais, mas o número de ataques diminuiu substancialmente.

Escutei as crianças discutindo no quarto da Sílvia. Estavam falando muito alto. Então, o Leonardo saiu em disparada do quarto dela e foi para o dele.

Em seguida voltou e disse para a Sílvia: "Você sabe quanta raiva estou sentindo por sua causa? Estou com tanta raiva que queria furar você como estou furando este papel". (Eu consegui ouvir o lápis furando o papel.) "Não estou encostando em você, mas queria que você fosse esse pedaço de papel!"

Isso representou uma melhora fantástica no comportamento dele. Se o episódio tivesse acontecido duas semanas antes, ele realmente a teria machucado.

★ ★ ★

Laura, de 7 anos, não tem controle sobre seus impulsos. Basta que seu irmão lhe dirija um olhar atravessado para que ela lhe dê uma pancada. Ontem eu estava dirigindo na via expressa quando mais uma briga começou.

LAURA (gritando): O Jairo bateu no meu olho com o pião!

JAIRO: Não bati!

LAURA: Mentiroso!

JAIRO: Não foi de propósito, eu só estava tentando girá-lo.

Pelo retrovisor vi a Laura com a mão levantada, pronta para bater nele.

EU: Puxa, Laura! Deve estar doendo! Uma pancada no olho dói muito, mesmo que seja sem querer. Isso pode deixá-la brava. Diga ao Jairo como você se sente.

Laura o xingou de vários nomes, mas pelo menos não tocou nele. Fiquei muito surpresa.

Embora alguns pais tenham ficado impressionados com o progresso dos filhos, outros ficaram incomodados ao verem uma criança falando com a outra de modo tão ameaçador. Depois de discutirmos um pouco sobre isso, concluímos que a melhor forma de ajudar uma criança a atingir um patamar mais elevado no que concerne à fala civilizada seria nos tornarmos um exemplo do comportamento desejado. Se insistíamos para que as crianças encontrassem alternativas aos socos e xingamentos, então nós próprios teríamos de achar alternativas. Eis o que um pai fez.

Tenho três filhas adolescentes e todos nós somos adeptos dos xingamentos. Minha mulher e eu as xingamos e elas também xingam umas às outras. Depois da última sessão percebemos que temos de acabar com isso. Certo dia, duas delas estavam brigando por um sorvete e uma disse: "Sua gorda..."

Então falei para elas: "Esperem um pouco. A mamãe e eu tivemos uma ideia. Por que nós não nos sentamos e conversamos sobre isso?"

Quando nos sentamos, eu disse: "Vocês sabem que todos nós estamos nos magoando muito com esses xingamentos. Nós magoamos vocês e vocês se magoam, então precisamos tentar parar logo com isso".

A resposta delas não foi exatamente "Tudo bem, pai... Nós vamos parar". Mas valeu a pena tentar porque agora estamos em um processo. Agora, quando elas começam a brigar e uma diz: "Saia do meu quarto, sua idiota!", pelo menos eu posso dizer: "Ei! Nós combinamos: nada de xingar. Eu não xingo e vocês também não. Diga a ela o que a está incomodando". E, de repente, ocorre um diálogo.

Elas fazem o mesmo comigo quando perco a paciência. Dizem: "Pai, você falou que nós tínhamos de parar de xingar os outros". Sou obrigado a responder: "Vocês têm razão... Desculpe, eu estava chateado... Está certo, é que eu me irrito quando..."

É um pequeno gesto, mas faz uma grande diferença.

A história a seguir é sobre uma mãe que costumava bater em seu filho de 5 anos quando ele provocava o bebê, mas resolveu experimentar outra abordagem.

Minha manhã tinha sido bem difícil, tendo de lidar com duas crianças manhosas. Voltei para casa após as compras e fiquei aliviada ao ver o que a nenê, finalmente, havia adormecido no carro. Assim eu teria tempo para descarregar tudo antes de lhe dar a mamadeira. Enquanto eu guardava as compras, o Felipe continuou resmungando e me incomodando. Pedi que saísse e tomasse conta da Carla. Após algum tempo, resolvi verificar se estava tudo bem com eles. O que vi foi a nenê chorando e o Felipe balançando o chocalho na cara dela. Perguntei se ele tinha acordado a irmã e ele confirmou. Ele estava bravo porque ela estava dormindo demais.

Precisei de todo o meu autocontrole para não bater nele. Em vez disso, bati no assento do carrinho e gritei que estava com raiva. Então peguei a nenê e a levei para dentro de casa.

O Felipe não entrou. Ele se trancou no carro – um castigo autoimposto. Pensei: "É bom mesmo que ele fique lá!"

Uns dez minutos depois, ele entrou e me disse que tinha ódio dele mesmo. Naquela altura eu já tinha me acalmado.

"Acho que temos um problema, vamos falar sobre ele." Nós nos sentamos à mesa da cozinha. "Às vezes você gosta da nenê, e às vezes ela o deixa bravo, muito bravo."

Ele concordou comigo.

"Vamos pensar no que podemos fazer para melhorar a situação."

Antes que eu dissesse mais alguma coisa, ele desabafou: "Você precisa afastar a Carla de mim quando estou bravo, porque eu desconto toda a minha raiva nela".

Eu não tinha noção de como ele estava consciente de seus sentimentos. Não sabia que um menino de 5 anos poderia verbalizar assim o que sentia. Desde então, conseguimos evitar muitos problemas. Quando ele está de mau humor, avisa que quer trocar de lugar no carro; quando a Carla o incomoda, sugiro que ele brinque em outro lugar.

Este último relato foi feito por uma mãe que geralmente permanecia em silêncio durante os nossos encontros. No momento em que o ouvi, lembrei-me da máxima persistentemente repetida pela psicóloga Dorothy Baruch: "Os bons sentimentos não podem surgir até que os maus tenham saído".

Sempre soube que a Melissa, de 7 anos, tinha um pouco de ciúme da sua irmã de 3 anos. Mas ela não a maltratava, nem batia nela. Era como se a ignorasse. Porém, é difícil saber o que a Melissa realmente sente, pois ela não costuma falar sobre isso. Ela se parece comigo.

De todo modo, depois da sessão da semana passada, pedi que a Melissa se sentasse no sofá comigo, enquanto a menor estava dormindo. Eu a abracei e disse: "Estou contente por ficarmos a sós, porque faz tempo que não converso só com você. Fico imaginando que às vezes deve ser uma chatice ter uma irmã mais nova, já que você precisa compartilhar tudo com ela: seu quarto, seus brinquedos – até a sua mãe!"

Quando ela começou a falar, foi como uma enxurrada, não conseguia mais parar, e eu fiquei pasma com o que estava ouvindo. Ela disse coisas horríveis! Falou que odiava a irmã e que, às vezes, queria que ela morresse! Comecei a me sentir mal. Por sorte o telefone tocou, pois não sei se teria aguentado continuar ouvindo aquilo tudo.

À noite, quando fui dar uma olhada nas crianças, pensei que estava sonhando: as duas estavam na mesma cama, dormindo abraçadas!

Após todas as histórias terem sido lidas ou contadas, nós nos olhamos maravilhados. Que processo estranho e intenso! Estávamos diante de um intrigante paradoxo: *a ênfase nos bons sentimentos entre os filhos despertaria os maus sentimentos; a aceitação dos maus sentimentos entre os filhos despertaria os bons sentimentos.*

Tratava-se de uma rota tortuosa em direção à harmonia entre irmãos. Porém, a mais direta.

3. O PERIGO DAS COMPARAÇÕES

Até agora falamos dos sentimentos intensos de competição nos relacionamentos entre irmãos que provêm das próprias crianças, sem nenhuma contribuição dos adultos. Comecei nossa terceira sessão perguntando às pessoas do grupo se poderiam citar atitudes dos adultos que estimulassem a competição.

Alguém disse: "Nós comparamos os filhos!"

Ninguém discordou. Todos pareciam reconhecer que, ao fazer comparações, nós certamente aumentamos a rivalidade. No entanto, achei que seria interessante descobrirmos o que as crianças sentem quando são comparadas.

Sugeri que todos fingissem ser meus filhos e compartilhassem suas reações imediatas às seguintes declarações:

"A Lúcia se comporta tão bem à mesa... Ela sempre usa os talheres."

"Por que você deixou a lição de casa para a última hora? Seu irmão sempre faz tudo antes."

"Por que você não se arruma que nem o Márcio? Ele está sempre bem vestido, com o cabelo cortado e a camisa dentro da calça. Dá gosto olhar para ele."

As respostas logo surgiram:

"Vou jogar o Márcio na lama."

"Eu o odeio!"

"Você gosta mais dos outros do que de mim."

"Não consigo fazer nada certo."

"Você não gosta de mim do jeito que eu sou."

"Nunca vou conseguir ser o que você quer que eu seja, então para que tentar?

"Se não posso ser o melhor de todos, vou ser o pior de todos."

Fiquei assustada com a intensidade da raiva e do desespero presentes em suas respostas. A última afirmação, em particular, me impactou. Será que algumas crianças decidem ser muito más por acharem que não são capazes de ser muito boas?

Algumas pessoas rapidamente confirmaram essa possibilidade baseadas em suas experiências pessoais. Uma mãe discordou: "Não é sempre assim. Algumas crianças não são tão determinadas. Elas desistem. Eu mesma desisti. Minha mãe demonstrou tantas vezes como admirava a minha irmã Dora e como eu era inferior a ela que eu costumava me perguntar por que ela resolveu me ter. A melhor coisa que já fiz foi me mudar para bem longe delas – minha mãe e minha irmã.

Até hoje eu fico nervosa nos feriados, pois a minha mãe sempre vem me visitar. Ela começa assim que me vê: 'O seu cabelo está meio sem graça, querida. Talvez você deva fazer os penteados que a Dora faz. E aí, como a Bruna e o Alan estão indo na escola? Os filhos da Dora são excelentes alunos... A Dora acabou de conseguir um emprego, e com um salário ótimo. A sua irmã é mesmo uma guerreira!' Em geral eu preciso de algumas semanas para me recuperar dessas visitas".

Ouviram-se frases de solidariedade: "Meu pai sempre fazia comparações entre meus dois irmãos", disse um participante de forma severa. "Ele faleceu quando eles ainda eram adolescentes, mas meus irmãos continuaram o que meu pai tinha começado. É incrível! Agora um tem 43 e o outro 47 anos. No fundo eles sabem que seu comportamento é ridículo, mas não conseguem parar. Eles usam até suas doenças renais como motivo para competição. Quem está mais doente? Quem sofre mais? Quem precisa de mais remédios? Qual está recebendo o melhor tratamento? Os dois fazem diálise e um tenta provar para o outro que o seu tratamento é o melhor. Dois adultos!"

"Não estamos exagerando?", questionou uma mãe. "Esses exemplos são extremos. Eu comparo os meus meninos de vez em quando, mas duvido que esteja prejudicando-os."

O grupo olhou para mim.

Eu olhei para ela.

"Quando você os compara?", perguntei.

"Não o tempo todo", respondeu defensivamente.

"Mas quando?"

Ela pensou um pouco: "Bem, nem tenho certeza se o que faço pode ser considerado como comparação. Acho que o mais certo seria 'motivação'. Por exemplo, costumo dizer ao Pedro: 'O Alex nunca demora para fazer a lição de casa. O papai e eu nunca temos de lembrá-lo'. Eu nunca diria: 'Por que você não tenta ser como o Alex?'"

A irmã da Dora logo respondeu, convicta: "Você nem precisa dizer isso. Com certeza o Pedro já captou a mensagem: seu irmão é o certo e ele o ERRADO..."

"Mas nem sempre uso o Alex como modelo", protestou a mãe. "Às vezes eu elogio o Pedro, dizendo-lhe que em alguns aspectos ele é melhor que o Alex. Falo que ele é muito mais habilidoso que o irmão, que o Alex é desajeitado..."

A irmã da Dora não se conteve: "Isso é tão ruim quanto o que você contou antes! Era exatamente isso o que minha mãe fazia comigo. Lembro-me da vez em que ela me disse que eu era mais ordeira do que a Dora. Senti-me muito bem no princípio, mas depois comecei a preocupar-me. Será que eu conseguiria continuar sendo assim? E mesmo que eu conseguisse, e se a Dora um dia se tornasse ordeira? O que aconteceria comigo? Tenho certeza de que minha mãe achava que estava me incentivando, mas o que ela fez mesmo foi me tornar mais competitiva em relação à minha irmã". Ela fez uma pausa, como se estivesse incerta quanto a continuar ou não. "E mais competitiva em relação a todos", acrescentou. "Precisei de um ano de terapia para perceber que, já adulta, eu ainda fazia comigo o que a minha mãe tinha feito, e como me sentia infeliz por precisar comparar-me constantemente com outras pessoas. Era tudo tão bobo. Pois, se pensarmos bem, concluiremos que sempre haverá alguém que faz algo melhor do que nós. Meu terapeuta sempre dizia uma frase ótima: 'Nunca se compare aos outros: você acabará ficando convencido ou amargurado'. Resumindo, com a minha experiência aprendi que é necessário evitar as comparações. Elas só trazem infelicidade."

A mãe que estava defendendo seu direito de comparar ficou visivelmente sem graça. Não havia como contestar as palavras que ela tinha acabado de ouvir, palavras que foram ditas com a autoridade proveniente da dor.

"É estranho", eu disse ao grupo. "Quando meus filhos eram pequenos, prometi a mim mesma que nunca os compararia. Ainda assim eu os comparei muitas e muitas vezes."

O grupo olhou para mim de forma surpresa.

"Eu ouvia as palavras saindo da minha boca e me surpreendia com o que eu estava falando. Finalmente descobri o que estava acontecendo. Eu os comparava quando estava com muita raiva ('Por que é sempre você quem deixa toda a família esperando? Seu irmão está no carro há dez minutos!'). Eu também os comparava quando estava muito feliz ('Que incrível! Seu irmão, que é mais velho, ficou tentando fazer isso durante uma hora e você conseguiu em dois minutos!'). Em ambos os casos, isso só gerava problemas.

Eis o que me ajudou a romper o padrão: sempre que eu sentia vontade de comparar um filho ao outro, dizia a mim mesma: 'PARE! NÃO!' Tudo que você quiser dizer ao seu filho pode ser dito diretamente, sem nenhuma referência ao irmão. A palavra-chave é *descrever*. Descreva o que você vê. Ou descreva o que você aprecia. Ou descreva o que você não aprecia. Ou descreva o que precisa ser feito. O importante é considerar apenas o comportamento do filho em questão. O que o irmão faz ou deixa de fazer não tem nada a ver com ele."

Aproveitei o momento para distribuir os quadrinhos reproduzidos a seguir, para que o grupo pudesse enxergar melhor os efeitos das comparações.

EVITE COMPARAÇÕES DESFAVORÁVEIS

EM VEZ DE...   DESCREVA O PROBLEMA

EM VEZ DE...   DESCREVA O PROBLEMA

EM VEZ DE...   DESCREVA O PROBLEMA

EVITE COMPARAÇÕES FAVORÁVEIS

EM VEZ DE...

DESCREVA O QUE VOCÊ VIU OU SENTIU

EM VEZ DE...

DESCREVA O QUE VOCÊ VIU OU SENTIU

EM VEZ DE...

DESCREVA O QUE VOCÊ VIU OU SENTIU

Houve muitos comentários espontâneos enquanto estudávamos juntos os quadrinhos. A maioria deles era sobre a percepção de que mesmo uma comparação favorável poderia ser prejudicial. Várias pessoas destacaram o fato de que esse tipo de "elogio" poderia fazer que o filho imaginasse ter o direito de rebaixar o outro. Eu estava quase iniciando o próximo assunto quando notei algumas carrancas.

"Vocês estão incomodados com alguma coisa."

Havia muitas coisas que os incomodavam. Tentei responder às suas dúvidas.

"Nós vivemos em uma sociedade competitiva. Uma criança não precisa de competição em casa para que consiga sobreviver no mundo externo?"

"Para 'conseguir sobreviver' a pessoa terá de ser competente, ser confiante e ir em busca de seus objetivos – e isso pode ser aprendido em um ambiente que estimule a cooperação. Julgo que a educação em um clima cooperativo seja altamente recomendável por trazer resultados como: mais respeito pelos outros, mais autoconfiança."

"Mas a competição não tem nenhum aspecto positivo?"

"Ela realmente pode estimular as pessoas no que diz respeito às realizações, mas tem seu preço. Pesquisas sobre pessoas nos ambientes profissional e educacional mostram que, quando a competição torna-se intensa, os indivíduos tendem a desenvolver sintomas físicos: dores de cabeça, de estômago, na coluna. E também sintomas emocionais: eles se tornam mais ansiosos, desconfiados e hostis. O ideal seria que o nosso lar fosse um refúgio contra esse tipo de estresse."

"Nunca comparei os meus filhos, mas basta que eu diga à minha filha algo gentil sobre o irmão dela para que ela reaja como se eu a estivesse comparando com ele. Ela costuma dizer: 'Você pensa que ele é melhor que eu'. Eu não a compreendo."

"As crianças em geral encaram os elogios ao irmão como uma forma de rebaixá-las. Elas fazem uma tradução automática: 'Seu irmão é tão atencioso' equivale a 'Mamãe acha que eu não sou atenciosa'. É aconselhável dirigir os comentários entusiasmados diretamente à criança que os merece."

"Mas o que devemos fazer quando um filho, na frente de todos, nos conta que fez algo especial?"

"Essa é uma situação difícil. Nós não queremos prejudicar o filho que está animado com a própria realização. Mas precisamos considerar os sentimentos dos outros. Acho que a chave é descrever os prováveis sentimentos da criança mais animada – 'Você deve estar muito orgulhoso do que fez!' –, ou aquilo que o filho realizou – 'Para ganhar essa medalha você precisou de muito treino e perseverança'.

O segredo é não acrescentar frases como: 'Eu estou tão orgulhosa que não vejo a hora de contar ao papai e a todos os vizinhos'. A emoção e o entusiasmo que você sente em relação à realização de seu filho deveriam ser reservados para um momento em que vocês dois estivessem sozinhos, o que pouparia os outros."

"Porém, nem sempre podemos fazer que nossos filhos fiquem alheios aos méritos dos irmãos – como na hora de conferir os boletins. Em casa, meus dois filhos me entregam os boletins ao mesmo tempo. Na semana passada, meu filho não via a hora de me mostrar seu oito em matemática (antes ele tinha tirado seis); enquanto eu o cumprimentava pelo seu progresso, sua irmã mostrou seu dez em matemática. De repente ele murchou. Seu oito havia perdido todo o valor."

"Você pode dizer com firmeza aos seus filhos: 'Não se trata de um concurso de boletins. Aqui estão os registros do trabalho e do comportamento de vocês na escola no último bimestre. Quero conversar separadamente com cada um para saber o que seus professores disseram e como vocês se sentem quanto ao seu progresso'."

"Mas como posso evitar que as crianças comparem os boletins quando não estou por perto?"

"Você não pode, e não há necessidade disso. Se quiserem mostrar os boletins um ao outro eles é que terão de lidar com isso. O importante é que eles saibam que seus pais os veem como indivíduos únicos, e que não estão interessados em comparar as suas notas."

Parecia que as perguntas tinham terminado. Comecei a formular um resumo e então notei que uma mãe estava acenando para mim. Assim que percebeu que conseguira chamar a minha atenção, disparou:

"Se meus filhos comparassem só as notas, eu ficaria muito feliz. Mas eles comparam tudo, o dia todo, até os umbigos: 'O meu é para dentro, o seu é para fora'. E eles sempre prestam atenção no que o outro tem: 'O dela é melhor... O dele é mais bonito... Você comprou isso para ele? Por que você não comprou para mim?' E eu constantemente tento deixar tudo igual. Eles me deixam tão cansada que, se eu compro um par de meias para o Fernando, compro também para a Daniela, mesmo que ela não esteja precisando."

Olhei para o grupo e disse: "É claro que ninguém mais tem esse problema. Aqui não tem ninguém cujos filhos sempre se comparam e exigem o mesmo tratamento."

Ouviram-se resmungos e gargalhadas.

"Senhoras e senhores, vocês estão prestes a se livrar de uma carga pesada. Semana que vem, quando voltarmos, falaremos sobre o mito segundo o qual os filhos devem ser tratados igualmente. Enquanto isso, evitem as comparações e analisem os resultados."

Lembrete:

Resista ao impulso de comparar

Em vez de comparar um filho *desfavoravelmente* em relação ao outro ("Por que você não pendura as suas roupas que nem o seu irmão?"), fale com ele somente sobre o comportamento indesejável.

Descreva o que você vê
"Estou vendo uma jaqueta novinha no chão."

ou

Descreva o que você sente
"Isso me aborrece."

ou

Descreva o que precisa ser feito
"Esta jaqueta deveria estar guardada no armário."

Em vez de comparar um filho favoravelmente em relação ao outro ("Você é muito mais agradável que o seu irmão"), fale com ele somente sobre o comportamento louvável.

Descreva o que você vê
"Estou vendo que você pendurou sua jaqueta."

ou

Descreva o que você sente
"Acho isso ótimo. Gosto de ver a casa arrumada."

AS HISTÓRIAS

O simples ato de *não comparar* um filho ao outro foi um desafio maior do que o esperado. Os pais que compartilharam suas atitudes com o grupo pareciam muito contentes consigo mesmos não só pelo que tinham feito, mas também pelo que tinham deixado de fazer.

A Carla estava dando a mamadeira para o bebê no quarto. Enquanto isso, pedi ao Michel que fosse à cozinha comigo e lhe perguntei o que queria almoçar. Ele começou a resmungar e disse: "Não sei o que eu quero... Eu queria ser um bebê. Os bebês não precisam fazer nada, já está tudo pronto para eles. Eles não têm de se vestir sozinhos... Não têm de tomar banho sozinhos... Não têm de decidir o que querem comer".
Em circunstâncias normais, isso teria me levado a desmerecer o bebê para que o Michel se sentisse melhor, dizendo algo como: "É, mas o bebê não consegue andar nem falar, e tem de usar fralda'. Mas a sessão da semana anterior ainda estava fresca na minha mente, então apenas tentei mostrar a ele que eu o estava escutando. Como resultado, tivemos uma conversa muito bonita:

PAI: Então você acha que os bebês não precisam fazer nada e que ser um bebê é divertido.
MICHEL: Isso mesmo. Pai, você gostaria de ser um bebê?

PAI (brincando): Eu gostaria de ser astronauta.

MICHEL: Não foi isso que eu perguntei. Você gostaria de ser um bebê ou não?

PAI: Eu preferiria ser quem eu sou.

MICHEL: Por quê?

PAI: Eu consigo fazer mais coisas que um bebê. Posso fazer escolhas e tomar decisões.

MICHEL: Você quer dizer que, se você não gosta de cor-de-rosa, não precisa usar roupa rosa?

PAI: Sim.

MICHEL: Você gosta de azul ou de verde?

PAI: Às vezes eu gosto de azul e às vezes gosto de verde. Agora prefiro o azul.

MICHEL (pensando um pouco): E agora eu quero um misto quente!"

★ ★ ★

O Paulo me ligou ontem da faculdade e parecia bastante contente. Disse: "Acabei de receber minhas notas do semestre e é óbvio que não são como as da Juliana, mas..."

Quase o interrompi com meu costumeiro "Bem, você sabe quanto ela se esforça, e você sempre se interessou mais por esportes. Então é claro que você não pode esperar... blá, blá, blá".

Então pensei: "Não, desta vez direi: 'O que a Juliana tem a ver com você? Estou interessada em você como indivíduo, não em relação à sua irmã'".

Depois me questionei: "Para que mencionar a Juliana?" Então eu só disse: "Paulo, você me parece bem contente. Deve ter ido bem nas provas semestrais".

Então falamos sobre os seus cursos e o que ele planejava estudar no próximo semestre, e não mencionamos a Juliana nenhuma vez.

★ ★ ★

É hora de dormir.

EU: Alan! Júlia! Hora de dormir. Ponham o pijama e vão escovar os dentes. (Alan me obedece.)

JÚLIA (choramingando): Não, eu não quero.

EU: Hora de se aprontar para dormir.

JÚLIA: Não, vá você.

Sentia-me frustrada e com raiva, querendo gritar: "Por que você não coopera como o seu irmão?!" Mas pensei melhor e fui até o quarto do Alan para me acalmar. A Júlia me seguiu; seu irmão já estava prontinho.

EU (para o Alan): Você já está pronto. Quando ouviu que era hora de dormir, logo vestiu o pijama e escovou os dentes. Isso me ajudou muito. (Note que não lhe disse nenhuma palavra sobre a Júlia.)

BÔNUS: A Júlia foi se arrumar sem que eu precisasse dizer mais nada.

OUTRO BÔNUS:

ALAN (de seu quarto): Você não precisa se preocupar em separar as minhas roupas para amanhã. Eu já separei. Gosto de colaborar.

EU: Obrigada, Alan. (E para a Júlia) Estou vendo que você está pronta para dormir. (Note que eu não disse "você também".)

A Júlia pareceu ter ficado orgulhosa.

★ ★ ★

O Matias (11 anos) constantemente se compara com o irmão mais velho e acaba se sentindo inferior, menos capaz. Mas no último fim de semana ele fez algo que ofuscou a família inteira. No domingo de manhã o nosso cortador de grama elétrico parou de funcionar. O Matias tinha ouvido a mim e ao pai reclamando, pois a compra de um cortador de grama novo pesaria no nosso orçamento. Algumas horas depois ele apareceu com um cortador manual de segunda mão, que tinha comprado em uma liquidação com suas próprias economias.

Eu não cabia em mim de orgulho. Fiquei tão animada que quase lhe disse que ninguém mais na família tinha pensado naquela possibilidade. Nem eu, nem seu pai, nem mesmo seu irmão mais velho, que ele achava que era tão sabido. Pronto! Aquilo provava que ele era tão bom quanto seu irmão, ou até melhor.

Vocês não imaginam quanto autocontrole eu precisei ter para limitar-me a descrever o que ele tinha feito. Disse: "Matias, você viu como seu pai e eu ficamos preocupados por termos de comprar um cortador novo, pensou em um modo de nos ajudar e conseguiu encontrar um cortador manual que funciona e pôde ser pago com o seu dinheiro!"

O Matias ficou radiante com a minha descrição. Então ele se empertigou e disse: "Eu sou um garoto muito eficiente!"

4. IGUAL É MENOS

Era a nossa quarta sessão.

Quando abri a porta da sala, ouvi gargalhadas. Várias mães, que tinham chegado cedo, estavam falando de algo muito divertido. Assim que me viram, cumprimentaram-me. Pareciam estar discutindo a questão que tinha sido levantada no fim da sessão passada: "Os filhos devem ou não ser tratados igualmente?", sendo que tinham deparado com alguns exemplos cômicos do que pode acontecer quando se está determinado a ser justo.

Antes que terminassem de me contar suas experiências cômicas, eu as interrompi: "Esperem aí. Isso é bom demais para os outros perderem". Logo que o grupo se reuniu, pedi às mães que contassem suas histórias de novo. Ei-las, de acordo com o que me lembro:

Por que não "José e o pé de feijão"?

Eu estava esparramada no sofá com os meus dois meninos, José e João, lendo para eles um livro que tínhamos acabado de retirar da biblioteca. Era a primeira vez que eles ouviam o conto "João e o pé de feijão". Os dois gostaram muito da história, mas de repente o José começou a chorar e disse, soluçando: "Por que a história é só do João? Por que não *José e o pé de feijão*?"

Eu lhe prometi que tentaria achar uma história com um José, mas não havia como consolá-lo. Você acredita? Não posso nem ler um conto para eles sossegada! Preciso me certificar de que no final eles ficarão igualmente satisfeitos.

O corte de cabelo

Quando eu era pequena, tinha cabelos castanhos, finos e fracos, e minha irmã tinha um linda cabeleira loira que ia até a cintura. Meu pai sempre falava do cabelo dela. Ele a chamava de sua Rapunzel.

Um dia, enquanto ela estava dormindo, peguei a tesoura de costura da minha mãe, fui até a cama dela na ponta dos pés e cortei o máximo de cabelo que consegui sem acordá-la. Na manhã seguinte, minha irmã se olhou no espelho e gritou. Minha mãe veio correndo, olhou para ela e ficou histérica. Tentei me esconder, mas minha mãe me encontrou. Ela gritou comigo e me bateu. Disse que o meu castigo seria ficar no meu quarto o resto do dia para pensar no que eu tinha feito. Acho que fiquei um pouco arrependida, mas não muito, porque pelo menos naquele momento estávamos iguais!

O corte de cabelo II

Na minha família, eu era a que tinha cabelo bonito e a minha mãe era quem tinha vontade de igualar tudo. Ela estava determinada a tratar minha irmã e eu exatamente do mesmo modo, para que não houvesse motivo para ciúme entre nós.

Um dia, ela decidiu que, pelo fato de minha irmã não ter cabelo cacheado, eu não deveria ter também. Então ela me levou à cabeleireira e mandou que ela cortasse todos os meus cachinhos. Eu fiquei parecendo uma galinha depenada. Durante o resto do dia, eu só chorei e chorei, e não falei com ninguém. Até hoje eu acho difícil perdoar minha mãe pelo que ela fez.

Oportunidades iguais para mamar

Quando minha primeira filha nasceu, tive muita vontade de amamentá-la, mas não pude por questões de saúde. Poucos anos depois, quando nasceu minha segunda filha, decidi não amamentá-la também. Não porque eu não quisesse, mas porque não queria que a primeira se sentisse prejudicada ao descobrir que sua irmã teve algo que ela não tinha tido. Naquela época me parecia a coisa certa a fazer, mas agora, olhando para trás, parece loucura.

Nenhuma quantidade de gelo bastará

Nunca esquecerei o dia de verão em que decidi aceitar o desafio de livrar o freezer vertical que fica na garagem do gelo acumulado em dois anos. As crianças estavam de maiô e me observavam enquanto eu trazia panelas de água quente para derreter o gelo. Em certo ponto, todo o gelo começou a derreter de uma vez. Brincando, joguei uma placa de gelo para uma das crianças e disse: "Um pouco de gelo para você!" Imediatamente, os outros dois começaram a pedir mais: "Eu também quero".
Agarrei mais duas placas e as joguei na direção dos dois. Aí o menor gritou: "Eles têm mais!"
Respondi: "Você quer mais? Pegue!", e atirei um montão de gelo aos seus pés. Então os outros dois gritaram: "Agora *ele* tem mais!" Joguei mais gelo na direção deles. O primeiro protestou, chorando: "Agora *eles* têm mais!"
Nessa altura, os três estavam com um monte de gelo e ainda reclamavam que queriam mais. O mais rápido que podia, eu atirava pedaços grandes de gelo aos pés de todos eles. Embora estivessem pulando e sofrendo com o frio, eles continuavam gritando: "Mais!", na esperança de que um deles ganhasse dos outros.
Foi aí que percebi como era inútil tentar igualar tudo. As crianças nunca se satisfaziam, e eu, como mãe, nunca conseguia dar o suficiente.

Todas as histórias foram aproveitadas, mas a última realmente conseguiu transmitir a mensagem. Ela nos mostrou que, quando as crianças exigem igualdade e os pais se sentem compelidos a oferecê-la, podemos deparar com situações completamente insanas. Após um momento de reflexão, um pai comentou: "Eu entendo que os pais podem acabar fazendo coisas bem estranhas quando tentam tratar todos os filhos da mesma forma, mas o que devemos fazer quando as crianças nos pressionam?"

"Por exemplo?"

"Por exemplo, quando eles reclamam dizendo que você não é justo, ou que deu mais para o outro, ou gosta mais do outro."

"Você pode dizer a si mesmo que, embora eles pareçam querer que tudo seja igual, na realidade não querem."

Ele me olhou intrigado.

Era um conceito difícil de explicar. Eu lhes contei a história da jovem esposa que, de repente, perguntou ao marido: "De quem você gosta mais? Da sua mãe ou de mim?" Se ele respondesse: "Gosto das duas igualmente", ficaria numa situação complicada. Mas, em vez disso, afirmou: "Minha mãe é minha mãe. E você é a mulher fascinante e atraente com quem eu quero passar o resto da minha vida".

"Ser amado igualmente", continuei, "significa, de alguma forma, ser menos amado. Ser amado de modo único – como indivíduo – corresponde à experiência integral de ser amado."

Ainda havia algumas pessoas intrigadas.

Para ajudá-las a entenderem a diferença entre dar quantias exatamente iguais e dar de modo único, de acordo com as necessidades legítimas de cada criança, eu lhes mostrei os seguintes quadrinhos.

Algumas pessoas sorriram com satisfação quando viram os quadrinhos. Outras pareceram preocupadas. Seguiu-se uma discussão acalorada, movida pelas preocupações em relação ao que tinham acabado de ver.

"Aquela situação envolvendo as panquecas parece ter sido baseada na minha casa. Mas o que se deve fazer quando os ingredientes já acabaram e seu filho ainda quer comer mais?"

Dois pais levantaram a mão.

EM VEZ DE SE PREOCUPAR COM A DIVISÃO
EM PARTES IGUAIS...

CONCENTRE-SE NAS NECESSIDADES
INDIVIDUAIS DE CADA UM

EM VEZ DE ALEGAR IGUALDADE DE AFETO...

MOSTRE AOS SEUS FILHOS QUE ELES SÃO AMADOS DE FORMA ÚNICA

O TEMPO IGUAL PODE SER PERCEBIDO COMO MENOS TEMPO

DIVIDA O TEMPO DE ACORDO COM A NECESSIDADE

Irmãos sem rivalidade

"Que tal escrever um bilhete com letras grandes, dizendo NÃO SE ESQUEÇA DE COMPRAR MISTURA PARA PANQUECA PARA O FULANO, e grudá-lo na geladeira? Então, quando puder, compre a mistura."

"Que tal dar-lhe um pedaço da sua panqueca? Meus filhos adoram receber qualquer coisa vinda do prato do pai. Ontem mesmo minha filha pequena estava reclamando pois achava que o seu irmão tinha ganhado mais ervilhas; então eu disse: 'Pegue um pouco das minhas'. Ela contou as ervilhas que lhe dei, devolveu duas e disse: 'Agora vou dar para você um pouco das minhas'."

Muitos riram. Uma mãe, porém, estava irritada.

"Acho que isso só vai funcionar se estivermos de bom humor", disse. "Mas quando, após ter tido o trabalho de fazer um jantar caprichado, as crianças começam a contar, medir e reclamar dizendo que uma recebeu mais que a outra, eu não consigo ser tão boazinha."

"Por que se preocupar em ser bonzinho?", um pai contestou. "Que tal ser autêntico? É muito desagradável ser acusado de injusto. Eu já falei para as minhas filhas que, se achassem que não tinham o bastante, deveriam dizer: 'Pai, quando puder, você me dá mais?'"

"O problema na minha casa não é com as minhas filhas. É comigo. Eu é que me sinto mal se não der o mesmo às duas. Se compro algo para a Vívian – como um pijama, por exemplo – e a Cláudia olha para mim meio triste, eu me sinto muito mal. Nunca sei o que dizer a ela."

"Em geral o que você diz?"

"Ai, não sei... algo como: 'Mas, querida, você não precisa de um pijama novo. O seu ainda lhe serve'."

"Isso parece perfeitamente lógico para nós, adultos. O problema é que as crianças não respeitam a lógica quando estão aborrecidas. Eles precisam que os seus sentimentos sejam reconhecidos: 'Cláudia, pode ser difícil ver sua irmã ganhar um pijama novo e você não. Embora você saiba todos os motivos por que ela precisa dele e você não, ainda assim isso é incômodo para você'."

Dirigi-me ao grupo: "Espero que vocês não estejam achando que nunca podemos dar coisas idênticas aos nossos filhos. Há vezes em que dar a eles o mesmo é a coisa óbvia e certa a fazer. Eu só quero salientar que, se vocês decidirem não lhes dar o mesmo, por algum motivo, isso também é possível. As crianças que receberem menos não terão problemas futuros por causa disso. A sua compreensão e aceitação da decepção dos filhos vai ajudá-los a lidar com as injustiças da vida".

"Isso não funcionou com meu filho mais velho", afirmou, com tristeza, uma mãe. "Eu tentei, mas não deu certo. Talvez porque em seu caso haja uma desigualdade extrema. Não com relação às coisas, mas ao tempo. Ele fica muito bravo por eu ter de dedicar tanto tempo ao seu irmão mais novo, que tem dificuldade de aprendizagem. Ele até me acusa de gostar mais do irmão."

"Você está descrevendo uma situação muito difícil, e está certa: essa compreensão por parte dos filhos só pode funcionar se suas legítimas necessidades forem satisfeitas. Estava imaginando... talvez o seu filho mais velho se sentisse melhor se vocês agendassem encontros, por escrito, de quinze minutos por dia, para que fiquem juntos – quinze minutos só para vocês, sem interrupções, nem mesmo do telefone. O que você acha? Isso seria complicado para você?"

Ela pensou um pouco.

"Não sei, pode ser que valha a pena, porque sabendo que pode contar com esse tempo comigo talvez ele não fique mais tão bravo. E talvez finalmente perceba que eu não gosto mais do irmão do que dele, porque na verdade não gosto mesmo!"

"Mas suponha que você tenha preferência por um deles", um pai disse. "E daí? Não é isso que estamos afirmando aqui, que não precisamos nos preocupar em convencer as crianças de que nós as amamos igualmente? Além disso, é humanamente impossível amá-los igualmente. Aposto que aqui cada um tem um preferido. Eu sou o primeiro a admitir que os meus filhos são bons meninos, mas a minha filha é a coisa mais importante da minha vida."

Fiquei em estado de alerta: ele parecia confortável demais com uma situação que era potencialmente perigosa. Será que tinha noção da dor que poderia causar aos seus filhos com aquela postura, inclusive à "coisa mais importante da sua vida"?

Eu disse: "Acho que o problema não está em ter um favorito. Todos nós, em algum momento, vivenciamos sentimentos de parcialidade em relação aos nossos filhos. A questão é como evitar que esse favoritismo transpareça. Todos nós sabemos que Caim matou Abel após Deus ter preferido a oferenda deste último. E também sabemos que os irmãos de José o atiraram num poço na selva porque seu pai o amava mais e deu-lhe um manto de muitas cores. Isso foi há muito tempo, mas os sentimentos que provocaram esses atos violentos são eternos e universais.

Mesmo hoje, nesta sala", continuei, acenando em direção à mãe que havia contado a história "O corte de cabelo" – "ouvimos que uma menininha cortou o cabelo de sua irmã porque seu pai ficava encantado com ele".

A "irmã da Rapunzel" olhou para mim fixamente. "Na verdade ele ficava encantado com tudo que ela fazia. Ele nunca se encantou comigo." Seus olhos ficaram marejados. "Não acredito que ainda dou importância para isso."

Compadeci-me dela. E de todos os filhos que constantemente têm de ver o brilho nos olhos de seus pais provocado por outra pessoa.

"Mais uma questão difícil", eu disse. "Como proteger os filhos do nosso entusiasmo por um em particular?"

Fez-se um silêncio absoluto. Fiquei surpresa, pensei que alguns pais protestariam alegando que a questão não se aplicava em seu caso. Porém, nem um pio. Após alguns momentos de reflexão, algumas pessoas expuseram os seus pensamentos.

"Sei que o meu filho, Paulo, sofre com o orgulho que temos de sua irmã. Ele chegou a nos dizer: 'Você e o papai sempre se olham quando a Eliana diz alguma coisa'. No começo não sabíamos do que ele estava falando. Então percebemos que sempre trocávamos olhares de admiração despertados por ela. Desde que ele nos alertou, temos nos esforçado para não fazer mais isso."

"Minha esposa chamou a minha atenção para o fato de que, quando todos nós saímos de carro, eu tendo a ignorar as meninas. Sempre falo: 'Márcio, olhe isso... Márcio, olhe aquilo!' Agora eu tomo o cuidado de dizer: 'Pessoal, olhe ali!'"

"Devo confessar que já me flagrei, mais de uma vez, sendo muito mais exigente com uma das minhas filhas do que com a outra. Se as duas fazem a mesma coisa ao mesmo tempo, eu dou uma bronca na Jéssica e a Sandra só recebe uma leve advertência. Há algo na Sandra que me desarma. Sei que preciso ficar alerta."

"Pelo que entendi, o que vocês estão dizendo é que, se quisermos deixar de demonstrar favoritismo, primeiro temos de admitir que ele existe. Temos de ser suficientemente honestos para admitir a verdade para nós mesmos. Conhecer os nossos preconceitos nos deixa com mais condições de proteger o "outro filho" e também nos ajuda a proteger o nosso filho favorito contra a pressão de ter de manter sua posição, além da hostilidade inevitável de seus irmãos."

A mãe que tinha falado por último ainda não estava satisfeita. "E como lidamos com a culpa? Posso admitir que sou parcial, mas me sinto muito mal com isso."

"Adiantaria dizer a si mesma que não é necessário reagir às atitudes de cada filho com igual paixão, e que é perfeitamente normal e natural ter sentimentos diferentes em relação aos diferentes filhos? É necessário apenas que olhemos para o filho menos favorecido de forma diferente, procuremos aquilo que ele tem de especial e demonstremos esse sentimento novo para ele. Isso é o máximo que podemos exigir de nós mesmos, e os nossos filhos só precisam disso. Ao valorizarmos e considerarmos a individualidade de cada filho, garantiremos que todos eles se sintam como o filho número um."

As questões se encerraram.

Olhei para o relógio. Já tínhamos estourado o tempo em cinco minutos. As pessoas ainda estavam sentadas, quietas, pensando. Sentia que estavam fazendo conexões entre o que tinham ouvido e o cotidiano de sua família. Não havia necessidade de passar-lhes lição de casa. Eles mesmos já determinavam os exercícios que fariam em casa.

Lembrete:

Os filhos não precisam ser tratados igualmente.
Eles precisam ser tratados individualmente.

Em vez de oferecer quantidades iguais
"Bem, agora você tem o mesmo número de uvas que a sua irmã."

Considere as necessidades individuais
"Você quer mais algumas uvas ou um cacho inteiro?"

Em vez de proclamar o amor igual
"Eu amo você do mesmo jeito que amo sua irmã."

Mostre ao seu filho que ele é amado de modo único
"Você é o único 'você' no mundo inteiro. Ninguém nunca poderá tirar o seu lugar."

Em vez de dedicar o mesmo tempo a cada filho
"Depois de ter passado dez minutos com a sua irmã, passarei dez minutos com você."

Determine os períodos de acordo com as necessidades de cada um
"Sei que estou passando muito tempo com a sua irmã, mas ela precisa fazer uma redação e eu tenho de ajudá-la. Isso é importante para ela. Logo que terminar, quero saber o que é importante para você."

AS HISTÓRIAS

A primeira história que surgiu revelou uma grande dose de introspecção.

No encontro da semana passada, a parte em que falamos sobre favoritismo me tocou muito. Obrigou-me a pensar nos sentimentos da Jéssica (13 anos) com relação a todo o tempo e afeto que eu dedico à sua irmã Sandra (10 anos). Eu imaginava que fosse ruim para ela. Mas acho muito difícil ficar com a Jéssica. Ela é tão instável! O humor dela varia demais.

Sempre que conversamos, acabamos brigando. Acho que a verdade é que eu a evito.

Depois da sessão, comecei a procurar uma forma de melhorar meu relacionamento com a Jéssica. No dia seguinte, parei o que estava fazendo e me sentei no sofá, perto dela, enquanto ela assistia à novela. Eu não disse nada. Só assisti junto com ela. No outro dia, novamente assistimos à novela juntas. E ontem ela me chamou para dizer que a novela começaria logo. Nós até tivemos uma pequena conversa, na sequência, sobre a trama. Pode não parecer muito, mas é a maior proximidade que já tivemos nos últimos anos.

As histórias seguintes mostram os pais em meio a um processo de redefinição da sua noção de justiça. No começo, eles tiveram dificuldade para renunciar à velha ideia de que para ser justo é preciso oferecer coisas, quantidades, tempo e até amor em igual medida. Porém, ao adotarem a distribuição desigual, de acordo com as necessidades individuais dos filhos, esses pais encontraram uma forma nova e libertadora de ser justos.

Quando estava fazendo compras, na semana passada, vi uma camiseta com um desenho de unicórnio que era a cara da Vívian. Ela adora unicórnios. Meu impulso inicial foi o de não comprá-la, pois sabia que sua irmã, Cláudia, poderia não reagir bem, mas então me lembrei da nossa última sessão e decidi comprá-la.

Quando a Vívian abriu o pacote e viu a camiseta, a Cláudia ficou um pouco surpresa, mas não reclamou.

Então minha mãe, que estava presente, entrou em ação. Ela chamou a Cláudia e cochichou: "Não fique chateada, querida. Amanhã eu compro uma para você".

"Droga!", pensei. "A Cláudia não tinha se incomodado, mas agora, graças à minha mãe, vai se incomodar."

Abracei a Cláudia e disse: "Acho que a vovó está preocupada. Mas nós não estamos. Sabemos que na nossa família cada filha recebe aquilo que precisa. Às vezes a Vívian ganha alguma coisa, e às vezes a Cláudia, mas no final todos recebem o que precisam". Eu não conseguia acreditar que tinha mesmo falado aquilo.

Minha mãe ficou confusa. Mas a Cláudia e a Vívian pareciam ter compreendido.

* * *

Antes das nossas reuniões, eu nem consideraria a possibilidade de comprar alguma coisa para a Daniela sem também comprar algo para o Gustavo. Não valia a pena arriscar, eles se comportavam muito mal nessas situações. Eu me sentia completamente intimidada pelos dois.

Mas ontem, eu os enfrentei, peguei o touro pelos chifres! Comprei uma lancheira nova para a Daniela, porque ela estava precisando, e não trouxe nada para o Gustavo. No minuto em que a Daniela entrou em casa, quando voltavam da escola, ela começou a provocar o irmão: "Mamãe comprou uma lancheira nova para mim e não comprou para *você*!"

Eu a repreendi imediatamente: "Isso é muito feio! Você está sendo exibida, isso faz que os outros se sintam mal. E eu estou começando a me arrepender de ter lhe comprado essa lancheira!" E o Gustavo também me ouviu, o que foi muito bom, pois ele é perfeitamente capaz de fazer o mesmo com ela. Os dois vão perceber que sua mãe não tolera mais esse tipo de comportamento.

* * *

Eu tive dois incidentes na última semana, e economizei muita energia ao parar de tentar ser sempre justa.

Incidente 1

Era hora de dormir.

SÍLVIO (4 anos): Mãe, não é justo! Você ficou mais com a Marly do que comigo. Você falou mais com ela.

Fiquei tentada a me justificar dizendo algo como: "É que a sua irmã está com dificuldade para dormir agora porque dormiu muito à tarde. Amanhã eu ficarei mais tempo com você para compensar. Mas agora vou ler mais uma história para ela". Em vez disso tudo...

EU: "Ah, então você queria que eu ficasse mais tempo com você?"
SÍLVIO: É! (E foi dormir.)

Incidente 2

O Sílvio não estava se sentindo bem. Eu o estava embalando quando a Marly (20 meses) veio em minha direção, com os braços levantados, para que a pegasse no colo. Meu primeiro impulso foi atendê-la, tirando logo o Sílvio do colo e a pegando. Mas, em vez disso, eu disse: "Marly, sei que você quer que a mamãe pegue você no colo, mas agora o Sílvio precisa continuar no meu colo porque ele está doente".
O Sílvio ficou com uma expressão que dizia "Viu? Eu sou importante!" Mas o que me surpreendeu foi que a Marly aceitou a minha explicação, e esperou um pouco até que eu pudesse pegá-la.

O próximo desafio que os pais enfrentaram foi tentar fazer que seus filhos desistissem da sua obsessão pelo "igual", "mesmo" e "justo". Nos dois exemplos a seguir, você verá como uma mãe e um pai uniram forças para ajudar seus filhos a se desgrudarem um do outro.

A rivalidade entre os nossos meninos atinge o ponto máximo na hora de dormir. O André não se conforma com a regra de que tem de ir dormir meia hora antes que o Alex, porque ele é dois anos mais novo. Toda noite é a mesma coisa: o André se recusa a sossegar. Ele canta, dá cambalhotas na cama, fala conosco e fala com o irmão, mesmo quando o Alex já está na cama – o André costuma fazer barulho para mostrar que ainda está acordado.
Isso deixa o Alex furioso, pois ele sente que seu privilégio, seu direito como mais velho, é posto à prova. Sempre que meu marido ou eu tenta-

mos ser firmes com o André, ele afirma que não consegue se acalmar até que o Alex também esteja na cama.

No começo desta semana, tentei conversar com os dois para saber quais eram suas necessidades em relação à hora de dormir. Foi um desastre. Eles acabaram gritando um com o outro.

Quase desisti. Mas, no dia seguinte, comuniquei-me com o André focando o aspecto individual, e foi uma experiência completamente diferente. Ele começou a resmungar de novo sobre o fato de que o Alex ia para cama mais tarde. Porém, naquele momento estava preparada para lidar com ele. Eu disse: "Nós não estamos falando do Alex, estamos falando de você".

"Mas o Alex..."

"Isso é outro assunto. Não estou interessada no Alex agora. Eu quero falar sobre *você* e o que *você* precisa na hora de dormir."

Dali em diante a direção da conversa mudou totalmente. Ele me explicou que tinha muita dificuldade para adormecer. Então perguntei se ele sabia de algo que pudesse ajudar. Ele respondeu que, se fizesse exercícios antes de ir dormir, talvez conseguisse gastar sua energia. Também disse que passar um tempo, de forma tranquila, comigo ou com seu pai antes que as luzem fossem apagadas poderia ajudar. Até o momento, isso tem ajudado.

★ ★ ★

Os meninos começam a brigar.

ALEX: Pai, por favor, explique para ele que ele pode atravessar a rua quando eu digo que pode. André, aquele carro estava a um quilômetro de distância!

ANDRÉ: Sei, um quilômetro! Eu poderia ter sido atropelado!

PAI: Alex, a sua noção de tempo é certa para você. André, a sua noção de tempo é certa para você. É bom saber que, embora vocês tenham discordado totalmente, cada um confiou em seu julgamento.

A última história torna mais claro aquilo que os nossos filhos realmente querem de nós, mesmo quando nos pressionam em busca de tratamento preferencial.

Nesta semana fui testado! Tânia (8 anos), minha filha do meio, estava sentada no sofá comigo quando, de repente, perguntou: "Pai, de quem você gosta mais: da Raquel, da Emília ou de mim?"

Tudo que falamos na semana passada fugiu da minha mente. Só conseguia pensar em responder: "Querida, gosto de vocês do mesmo jeito", e foi o que fiz. Brilhante, não?

Só que ela não se satisfez: "Suponha que estivéssemos num barco a remo e ele tivesse virado, e que todas nós estivéssemos nos afogando; quem você salvaria?"

Tentei escapar do problema. Disse: "A que estiver mais perto de mim."

"Suponha que a distância fosse a mesma."

Ela realmente queria me pegar.

Finalmente, eu me lembrei das nossas discussões. "Seria uma situação horrível para mim", disse. "Cada uma de vocês é tão especial para mim justamente porque vocês são tão diferentes! O que eu faria se acontecesse algo com a minha Tânia? Como poderia tolerar a ideia de perder alguém com quem é tão bom ficar e falar? Eu nunca encontraria ninguém igual a você em lugar nenhum. Você é completamente original. Chega a ser uma tortura pensar sobre isso!"

Situação resolvida. Ela parecia muito satisfeita; nem perguntou como eu me sentia quanto às suas irmãs. Só queria saber quanto eu a valorizava.

5. IRMÃOS NO DESEMPENHO DE PAPÉIS

SE ELE É "ISSO", ENTÃO VOU SER "AQUILO"

Era a véspera do nosso próximo encontro e eu mal podia esperar. Finalmente estávamos prontos para enfrentar o tópico pelo qual todos estavam esperando: as brigas. Falaríamos durante a sessão inteira sobre o que fazer quando as crianças passam a competir ativamente. Com grande satisfação dei uma última olhada no material que eu tinha preparado e coloquei os papéis na minha pasta.

Meu cachorro bateu com o focinho na minha coxa. Eu o ignorei. Ele latiu e usou o focinho de novo. "Já vou, Totó, já vou." Pus a coleira nele, que esperava com o pescoço esticado, e saímos juntos. Dois meninos pequenos correram em nossa direção, apontando e gritando: "Au-au! Au-au!"

Logo atrás deles vinha a minha nova vizinha. Na última vez em que eu a havia visto, ela estava passeando com os seus gêmeos, acomodados em um carrinho. "Bárbara!", exclamei. "Não acredito que os meninos já estejam tão grandes. Eles já andam e falam! Dá para ver que gostam de cachorro, né?"

"É, acho que sim... Mas veja como o menor está tentando pegá-lo e olhe onde o maior já está... Ele quer ficar bem longe."

Fiquei surpresa com o comentário e incerta em relação ao que responder.

"Eles são assim desde que nasceram", ela continuou. "O menor é bem valente, nada o assusta. Mas o outro tem medo da própria sombra."

Resmunguei algo não comprometedor, pedi licença e puxei o cachorro para que voltássemos para casa. Sabia que se eu continuasse lá diria algo de que me arrependeria.

Como ela pôde falar daquele jeito na frente deles? Será que ela pensou que eles não estavam escutando? Ou que não estavam entendendo? Ela deixou que cada menino ficasse aprisionado em seu papel e não tinha nenhuma noção do dano que estava causando – não só a cada menino individualmente como ao futuro relacionamento entre eles.

Após voltar para casa, comecei a me preocupar com a sessão do dia seguinte. Talvez ainda fosse cedo demais para falarmos sobre as brigas. Talvez precisássemos discutir sobre o fato de que aprisionar as crianças em papéis pode gerar sentimentos ruins, que levam às brigas. Caso contrário, estaríamos tratando o sintoma sem compreender uma das suas principais causas. Por outro lado, todos estavam muito ansiosos em relação ao tópico do dia seguinte, eu inclusive. Talvez devesse apenas pedir ao grupo que lesse os capítulos sobre desempenho de papéis dos livros *Pais liberados, filhos liberados* (Ibrasa, 1985) e *Como falar para seu filho ouvir e como ouvir para seu filho falar* (Summus, 2003) e parar por aí.

O telefone tocou. Era meu filho mais velho. Parecia cansado.

"Oi, mãe! Passei a semana inteira escrevendo relatórios, então resolvi fazer uma pausa e ligar para vocês. Como estão todos?"

"Bem. Sentimos sua falta, especialmente o Totó. Ele sempre vai para o seu quarto, procurando você."

"Deve ser difícil para ele, sem o André também."

"Acho que ele sente falta principalmente de você."

"Por que de mim?"

"Bem, você cuidava dele, dava mais atenção para ele."

"Não é verdade, mãe. O André dava comida para ele toda manhã."

"É, mas você o levava para passear todo dia. E só você conseguia cortar as unhas e limpar as orelhas dele. Seu irmão nunca conseguiu fazer isso."

"Pode ser", disse meio sem graça. "Não sei... Bem, acho melhor voltar ao trabalho. Tenho muita coisa para fazer. Mande um abraço para o papai."

Ele desligou.

Eu não conseguia acreditar no que tinha feito. O que deu em mim? Por que achei que poderia tornar o Davi "o filho responsável"? Por que motivo eu o encorajaria a ver-se como superior a seu irmão? Seria porque eu estava com pena dele, sozinho naquele dormitório da faculdade? Estaria com tanta pena a ponto de ter de animá-lo à custa de seu irmão? Logo eu, que tinha ficado indignada com o que a minha vizinha estava fazendo com os filhos dela!

Esse episódio definiu a situação. O workshop sobre as brigas teria de ficar para depois. Antes falaríamos sobre papéis, mas de um modo diferente. Precisávamos entender melhor o que estava por trás dos impulsos que nos levavam a atribuir certos papéis aos nossos filhos. Precisávamos explorar a questão, analisando não só como determinado papel afeta cada filho individualmente, mas como o papel de cada filho afeta os outros irmãos – e o relacionamento entre eles.

O momento havia chegado. Esperei impacientemente que todos se sentassem.

"Hoje vamos falar sobre as brigas?", perguntou, esperançosa, uma mãe, enquanto se sentava.

"Na semana que vem", respondi. Então lhes falei sobre a minha vizinha, o telefonema do meu filho, os meus pensamentos.

Eles ouviram seriamente.

"Agora, eis o que gostaria de lhes perguntar: o que, na opinião de vocês, leva alguns pais a atribuírem papéis diferentes aos seus filhos? Eu já mencionei uma possível causa – a necessidade mal administrada de inflar o ego de um filho, mesmo à custa de um irmão. O que mais?"

As respostas surgiram rápido.

"A necessidade mal administrada de inflar o nosso próprio ego. Minha hipótese é que sua vizinha foi uma criança tímida, e por causa disso ela se vangloria de ter um filho valente."

"E o oposto também se aplica. Acho que tendemos a projetar nossas próprias fraquezas em nossos filhos. Sempre acuso meu filho de adiar as coisas, mas eu mesmo costumo deixar tudo para depois."

"Eu acho que nós gostamos da ideia de que já desvendamos a personalidade de cada filho. Às vezes chamo meu filho de "Paulo Pontual" e minha filha de "Ana Atrasada". É uma espécie de piada em família.

"Acho que atribuímos diferentes papéis aos filhos porque queremos que cada um deles se sinta especial. Não sei se isso é certo, mas digo a meus filhos: 'Você é bom em leitura, sua irmã é boa em matemática e seu irmão é bom em artes'. É uma forma de dar-lhes uma identidade singular."

De repente alguém levantou a mão: "Eu acabei de perceber uma coisa: os pais não são os únicos que atribuem papéis. *As crianças também se colocam em papéis!*"

O grupo rapidamente se interessou pelo assunto e deu prosseguimento à discussão.

"É verdade, um filho pode desempenhar o papel de 'bom menino' por ser uma forma de obter atenção, amor e aprovação."

"Ou o papel de 'menino malvado' por ser uma maneira de receber atenção, mesmo que seja negativa."

"As crianças são espertas. Sabem que há vantagens em desempenhar certos papéis. O 'palhaço' da família pode sair impune. O filho que faz o papel de 'indefeso' consegue que todos façam coisas para ele."

A mesma mãe levantou a mão de novo. "E nós ainda nem mencionamos o fato de que *as crianças criam papéis umas para as outras*. E isso não tem nada a ver com os pais."

Pedi que ela explicasse melhor.

Ela pensou um pouco. "Vou dar um exemplo. Meu filho mais velho, que é pequeno e magro, sempre se vangloria de como ele é forte e chama seu irmão mais novo de 'fracote'. E o mais novo, que é robusto, acredita nele. Ele se vê como fraco e age dessa forma. Quando pedimos que pegue ou carregue alguma coisa, ele sempre reclama, dizendo que é 'muito pesada'. Ele não tem a mínima noção da sua força. E se o irmão mais velho continuar fazendo isso, ele nunca terá essa noção."

Ficamos pensando na extensão e complexidade daquilo com que estávamos deparando: o fato de que nós atribuímos papéis aos nossos filhos. Eles próprios se colocam em papéis. E eles atribuem papéis uns aos outros.

Um pai levantou a mão. "Posso bancar o advogado do diabo?"

Todos nós olhamos para ele.

"Se é tão natural para uma criança que, no meio familiar, seja aprisionada em determinado papel, então talvez haja uma boa razão para isso que ainda não foi mencionada."

"Por exemplo?", perguntei.

"Digamos que você tenha um filho que admire por ser o 'gênio' da família. Esse filho não tenderia a estudar mais, não conseguiria um melhor desempenho na escola e também na vida? O que quero dizer é que pode ser que exista alguma vantagem em ser colocado em um papel."

Três participantes, irados, começaram a falar ao mesmo tempo. "Você primeiro", eu disse, apontando para uma mãe que tinha ficado com o rosto muito enrubescido.

"Claro que há vantagens para o filho privilegiado", falou com sarcasmo. "É ótimo para ele. Mas e os outros? Eles automaticamente ficam em segundo plano."

Uma das outras mães emendou: "E é preciso considerar a hostilidade que é criada quando se coloca um filho acima dos outros. Meu irmão era o galã da família. As pessoas sempre diziam para a minha mãe: 'Mas seu filho é muito lindo! Ele se parece com o Robert Redford... Ah, então esta é a sua filha? Ela é uma gracinha'.

Naquela época eu achava essas exclamações inofensivas. Porém, preciso confessar que tenho tido sonhos recorrentes, anos a fio, nos quais eu e meu irmão estamos andando na rua e, de repente, seu rosto é destruído por um quebra-nozes gigante."

A sala foi tomada pelas risadas.

Após o grupo ter se acalmado, a terceira mãe afirmou: "Eu posso dizer pela minha experiência que não é nem um pouco divertido para uma criança ser colocada num papel privilegiado. Há muita pressão. Meus pais atribuíram a mim o papel de 'a responsável', e correspondi às suas expectativas. Mas tudo tem seu preço. Até hoje, meu irmão e minha irmã continuam desempenhando o papel de desamparados. E eu tenho de resolver todos os problemas familiares".

Naquele ponto as mãos de quase todos os participantes estavam levantadas. Todos queriam falar sobre os rótulos que receberam durante seu crescimento e como isso os tinha afetado. Os relatos, apesar de completamente diferentes, seguiam o mesmo padrão. Um papel parecia determinar o outro: "Eu era o sujinho e meu irmão o 'Senhor Limpeza'"; "Eu era a peste e minha irmã a certinha".

E uma vez que o elenco fora escalado, os personagens passavam a desempenhar seus papéis quase compulsivamente. "Concluí que, se eu era sempre acusado de ser selvagem, eu então deveria ser selvagem"; "Já que as pessoas esperavam que eu fosse desleixado, não as desapontaria".

O resultado sempre era o antagonismo entre irmãos. "Eu me sentia magoado pelo fato de meu irmão ser considerado 'o filho capaz'. Perto dele eu me sentia inferiorizado"; "Eu odiava minha irmã porque ela tinha um gênio terrível. Isso me obrigava a ser calmo".

E mesmo que os papéis não fossem diretamente opostos, as crianças eram definidas – ou se definiam – em relação a eles: "Eu não era tão popular quanto a minha irmã"; "Eu não era um líder como o meu irmão".

E os relatos sempre terminavam com a triste expressão "até hoje". "Até hoje existe uma tensão entre nós"; "Até hoje não nos damos bem"; "Até hoje sinto que não posso deixar de ser o engraçado – o arrumadinho – o responsável...".

Após a última experiência ter sido compartilhada, ficamos todos quietos, refletindo sobre o que havíamos acabado de escutar. Alguém perguntou: "Não seria possível haver uma família em que o papel de cada irmão complementasse o dos outros, funcionando, assim, de forma harmoniosa?"

"Suponho que sim", eu respondi, "mas nós também temos de preparar nossos filhos para o mundo. E a vida exige o desempenho de vários papéis. Nós temos de saber nos cuidar e cuidar dos outros; ser líderes e seguidores; ser sérios e um pouco maliciosos; saber conviver com a bagunça e estabelecer a ordem. Por que limitar os nossos filhos? Por que não encorajá-los a criar oportunidades, assumir riscos, explorar seu potencial, descobrir forças que eles nunca sonharam possuir?"

Nosso advogado do diabo não ficou impressionado com o meu lindo discurso. "Você se referiu a uma situação ideal", ele disse. "Encaremos os fatos: pessoas têm habilidades naturais e limitações naturais. Minha filha mais velha tem o dom da música. Tem só 10 anos e já sabe tocar todo o *Concerto em ré maior* de Haydn. "A menor tem um péssimo ouvido, e nós a incentivamos a fazer ginástica."

Ele não podia ter escolhido um exemplo pior para defender seu ponto de vista. Suas palavras me trouxeram lembranças de infância esquecidas há muitos anos. A experiência tinha voltado com muita força, estava mais fresca do que nunca. Contei ao grupo toda a minha história, desde o começo: sobre o piano de mogno que meus pais orgulhosamente compraram para as crianças; sobre quando eu ficava olhando minha irmã mais velha tocar e esperando ansiosamente até que tivesse idade suficiente para poder ter aulas de piano; sobre meu primeiro ano de aulas com uma professora que sempre me dizia que eu era a sua "pior aluna"; sobre como, apesar de toda a crítica e inaptidão, eu ficava feliz da vida quando tocava minhas musiquinhas por horas a fio; e, finalmente, sobre as discussões que meus pais tinham para que se definisse se valia a pena continuar custeando minhas aulas.

Eu já sabia o veredicto. Minha irmã era a musicista; talvez eles conseguissem achar outra coisa para mim. Aceitei a decisão dos meus pais sem protestar. Eles tinham razão. Por mais que eu me esforçasse, aprendia lentamente e com grande dificuldade.

Mas a perda da música foi terrível para mim. Somente depois de alguns meses percebi quanto sentia falta dela. Não suportava ouvir minha irmã tocando. Cada nota doía em mim.

Furtivamente, quando não tinha ninguém por perto, eu pegava meus livros e tentava aprender sozinha. Até fiz alguns progressos. Mas a tarefa era muito difícil e acabei desistindo. Não tinha mesmo jeito para música.

O pai ficou me olhando fixamente. Parecia que ele ia dizer alguma coisa quando uma mãe falou, com voz trêmula: "Comecei a fazer aulas de piano quando eu tinha 8 anos. Minha irmã menor ficava me olhando enquanto eu praticava, e, quando terminava, ela se sentava ao piano e tentava me imitar. Um dia, ela foi até o piano e, sem nenhuma aula, tocou a música que eu estava praticando há mais de um mês. Depois disso, eu parei de tocar. Disse para a minha mãe que não queria mais ter aulas".

"E sua mãe permitiu que você parasse?", perguntei.

Ela acenou a cabeça afirmativamente.

"Estou tentando imaginar como teria sido se, em vez de aceitar a sua decisão, ela tivesse dito: 'Eu não vejo motivos para você desistir. Parece que está gostando do piano e progredindo'. Como você teria reagido?"

"Eu provavelmente teria dito: 'Mas você está jogando seu dinheiro fora. A Ruth toca muito melhor. Ela já sabe tocar a minha música inteirinha'."

Eu continuei falando como se fosse a mãe: "Querida, eu compreendo que isso não seja muito estimulante, mas o que a Ruth toca não tem nada a ver com você. A rapidez com que uma pessoa aprende a tocar não é tão importante. O que realmente importa é o sentimento que você coloca na música, e ninguém terá um sentimento igual ao seu. O que importa é o prazer que você sente quando toca. Eu não gostaria de privá-la disso".

Ela conteve suas lágrimas. "Isso significaria tudo para mim", ela disse.

"Eu sei", respondi. (E como eu sabia!) "Existem vários meninos e meninas por aí que desistem de suas oportunidades por causa das habilidades especiais de seus irmãos."

Então me voltei ao grupo: "Realmente existem crianças que têm grandes talentos naturais, os quais devem certamente ser reconhecidos e estimulados. Mas não à custa de seus irmãos. Quando um filho se destaca em algum campo, temos de tomar cuidado para não excluir os outros dessa área. E também devemos cuidar para que eles próprios não se excluam. Precisamos ser cautelosos e evitar afirmações como: 'Ele é o músico da família'; 'Ela é a boa aluna'; 'Ele é o esportista'; 'Ela é a artista'. Nenhuma criança deve ser excluída de nenhuma área de realização humana. É necessário que fique bem claro para cada um dos nossos filhos que a alegria do estudo, da dança, do teatro, da poesia, do esporte é para todos e não está reservada somente para aqueles que têm uma aptidão especial.

Não houve nenhum murmúrio de discordância.

"E se usarmos esta semana", eu disse para todos, "para verificar se algum dos nossos filhos está desempenhando um papel, por qualquer motivo, e pensar em como poderíamos liberar essa criança para que ela possa desenvolver sua personalidade e se tornar mais próxima dela mesma?"

De repente, eu me lembrei: "Ai, não! Eu me esqueci completamente. Prometi a vocês uma sessão sobre brigas na semana que vem!"

Meu "advogado do diabo" gesticulou afirmativamente. "Não tem problema", ele falou. "Eles podem brigar por mais uma semana. Isso é mais importante."

LIBERANDO OS FILHOS PARA A MUDANÇA

O início do encontro de pais em geral é sossegado. As pessoas precisam de um tempo, após uma semana cheia de atividades externas, para se reconectar com as preocupações do grupo.

Mas aquele grupo era diferente. Eles pegaram o fio da meada da discussão da semana passada como se tivessem acabado de voltar de um breve intervalo.

"Pensei muito na tarefa da semana passada e constatei que ninguém na minha família coloca o outro em um papel. Então, no domingo, apresentei meus meninos para o novo padre: 'Este é o meu mais velho; este é o do meio e este é o meu caçula'. Eu nem mencionei os nomes! E tenho de admitir, é assim que eu os trato. Eu mimo o de 5 anos por ser o menor, o do meio trato como o recheio do sanduíche e fico sempre atrás do de 10 para que se comporte como alguém da sua idade."

"Entendo perfeitamente", disse um pai. "Desde que a Kátia teve o bebê eu me vejo forçando o Michel para que aja como alguém mais velho. Ontem à noite, eu lhe disse que agora ele era um menino grande e devia vestir seu pijama sozinho. Ele pareceu triste. Disse: 'Pai, você não percebe que por dentro eu ainda sou muito pequeno?'"

"Isso é algo que não mencionamos na semana passada. E é tão óbvio! Nós classificamos os filhos de acordo com a ordem de nascimento."

Outra mãe complementou: "E, às vezes, nós os tratamos conforme a *nossa* posição na família".

Olhamos para ela totalmente confusos.

"Tentarei resumir", ela disse. "Eu sou a irmã mais velha e sempre considerei meu irmão menor uma peste. Por isso, eu fico muito tensa quando vejo meu filho incomodando sua irmã mais velha, e costumo acusá-lo de ser 'uma peste'. Acho que me identifico com a minha filha.

Já o meu marido, que é o caçula, apresenta uma reação oposta. Ele se identifica com o meu filho, vendo-o como vítima, e sempre acusa minha filha de ser 'má' com o irmão. "Então, no roteiro do meu marido, nossa filha é a 'opressora' e nosso filho o 'oprimido'."

O problema nos intrigou. Algumas pessoas confessaram que também tendiam a se identificar com o filho cujo papel mais se aproximava de seu próprio papel quando crianças. Porém outros observaram que não é preciso ter tido o mesmo tipo de experiência para ver um filho como oprimido e outro como opressor. Eles contaram que tinham filhos que eram realmente passivos e gentis ou que eram malvados e briguentos.

"Alguém poderia me dar um exemplo?", perguntei.

"Minhas duas meninas", uma mãe falou. "Sei que é difícil acreditar, mas é a de 3 anos que é terrível. Ela pega as coisas da irmã mais velha, a arranha, morde... e sua irmã só fica lá sentada, como uma boba, e aguenta tudo. Ela nem tenta se defender. Fico muito mal quando presencio isso, mas nunca sei o que fazer."

"O que você faz?"

Ela riu, envergonhada. "Provavelmente todas as coisas erradas. Digo à menor que está sendo má e a faço sair do local."

"E o pior é que uma hora depois ela volta e faz tudo de novo", completei.

"Exatamente!", ela exclamou. "Só que em geral ela volta um minuto depois. Mas o que mais eu poderia fazer? Tenho de impedi-la, não é?"

"Claro que sim. Mas a ideia é impedi-la de modo a não reforçar o papel de cada uma."

Para tornar a situação que ela tinha descrito mais palpável para todos, pedi à mãe que fingisse ser sua filha de 3 anos. Eu seria a mãe. Outra pessoa se ofereceu para ser a irmã mais velha. Dramatizamos a cena duas vezes. Na primeira vez, dei toda a minha atenção à "agressora" de 3 anos e ignorei sua irmã. Na segunda vez, dei minha atenção à irmã mais velha. Eis o que representamos.

A mãe que tinha representado sua filha de 3 anos ficou surpresa. "Que diferença!", ela disse. "Na primeira vez, quando você gritou comigo e me sacudiu, pensei: 'Ótimo, agora a mamãe está me dando atenção!'. Mas na segunda vez, quando você me ignorou, pensei: 'Não valeu a pena. Não vou mais fazer isso!'."

NÃO DÊ ATENÇÃO AO AGRESSOR

EM VEZ DISSO, DIRIJA-SE AO AGREDIDO

"E se você brigar com a criança errada?", outra mãe perguntou. "Minha irmã me batia o tempo todo, então minha mãe achava que ela era a briguenta. O que minha mãe não sabia é que eu a provocava de propósito, para que me batesse e fosse castigada. Minha mãe nunca descobriu."

Vários sorrisos surgiram. Evidentemente, esse cenário entre irmãos não era incomum.

Eu disse: "Essa é mais uma razão para não aprisionar nossos filhos em papéis. Mesmo como observadores diretos da ação, podemos facilmente chegar à conclusão errada".

A mãe das duas meninas balançou a cabeça. "Pode até ser, mas na minha opinião cada filho nasce com certa natureza, e nada que você faça como pai mudará isso. Sei que as minhas duas filhas já eram diferentes desde que nasceram. Eram como a noite e o dia. A menor sempre foi um osso duro de roer, e a mais velha..."

Parei de escutar. Sabia exatamente o que ela diria. E mais ainda: houve uma época em que eu teria concordado completamente com ela. Sorri internamente. Como fazê-la entender? Por um momento, pensei em contar sobre meus meninos, mas reconsiderei a ideia. Tratava-se de uma recordação que eu não gostaria de reviver.

A sala de repente pareceu sufocante. A mãe continuava a insistir na imutabilidade dos traços de caráter. Finalmente, chegou à sua conclusão: "Então pensar que você pode transformar a natureza humana é dar murro em ponta de faca".

Olhei ao redor esperando encontrar algum defensor de outro ponto de vista. Nenhum apareceu. Só havia um grupo de pessoas com olhar resignado. Pensei: "Não tem jeito, então vamos lá".

"Eu costumava me sentir como você", disse devagar, "especialmente quando meus filhos eram pequenos. Eu tinha decidido que meu filho mais velho era um agressor inato, e que meu menino mais novo era doce e gentil de nascença. E a cada dia surgia uma nova evidência de que eu estava certa, porque a cada dia o Davi parecia pior e o André, mais vulnerável, indefeso, mais necessitado da minha proteção.

A virada na minha vida ocorreu quando os meninos tinham mais ou menos 10 e 7 anos. Eu estava em uma sessão com o doutor Ginott em que ele disse que nós tratamos nossos filhos não como são, mas de acordo com o que esperamos que eles se tornem. Essa ideia revolucionou meu pensamento sobre o assunto. Ele me liberou para que olhasse para meus filhos com novos olhos. O que eu *esperava* que eles se tornassem?

A resposta não veio com facilidade. Eu tinha muito a dizer para mim mesma: 'Claro que o Davi podia ser mau e agressivo, mas ele também era capaz de ser gentil, de usar o autocontrole, de conseguir o que queria de modo pacífico'. Estas eram qualidades dele, que precisavam ser enfatizadas.

Da mesma maneira, eu sabia que tinha de parar de pensar no André como 'vítima' – tinha de eliminar aquele rótulo da minha mente. Disse a mim mesma: 'Daqui para a frente, nada de vítimas na minha casa. Trata-se apenas de um menino que precisa aprender a se proteger e exigir respeito'.

O simples ato de mudar meu pensamento realizou milagres. Pelo menos me pareceu um milagre quando constatei como meus meninos respondiam a minhas novas expectativas. Parte dessa história está documentada em *Pais liberados, filhos liberados*. Mas o que lhes contarei agora não está no livro." Respirei fundo. Não tinha muita vontade de trazer à tona a parte seguinte.

"Era sábado de manhã. Os meninos estavam zanzando na cozinha. Eu estava fazendo o café da manhã, sentindo-me ótima, muito orgulhosa por eles estarem se dando tão bem. Pelo canto dos olhos, vi o Davi segurando uma colher que ele tinha aquecido no fogão logo após eu ter fervido a água. De repente, ele disse ao André: 'Quer ver como a colher ficou quente? Venha cá!' Quando o André se aproximou, o Davi o agarrou e pressionou a colher contra o pescoço dele.

O André berrou de dor. Eu também gritei. O Davi fugiu da cozinha. Cuidei o melhor que pude da queimadura e tentei consolar o André. Então fui para o quarto e me sentei.

Acho que nunca me senti tão deprimida na minha vida inteira. O que o Davi tinha feito era tão frio, tão cruel, tão calculado, tão deliberadamente violento que eu me senti como uma boba por ter confiado nele. Ele nunca mudaria, independentemente de como eu o visse. Ele tinha nascido com um traço malévolo. Era uma semente ruim. Não era uma parte de mim.

Então ouvi uma batida na porta. Era o Davi.

Mal consegui responder. 'O que você quer?'

Ele não respondeu. Só entrou e ficou lá, parado, com um olhar assustado.

Algo em mim mudou. Não sei de onde aquilo veio, mas de repente me ouvi dizendo: 'Puxa, você fez uma coisa muito idiota! Idiota! Idiota! Idiota! Você se lembra do seu tio Sílvio?'

'Tio Sílvio?'

'Sim, seu querido tio Sílvio. O que leva você para pescar com ele e que é tão legal. Bem, como a irmã menor dele, posso dizer que ele não era tão legal comigo. Uma vez ele arrancou a unha do meu dedão; sangrou e doeu muito, e ele me fez prometer que eu não contaria à minha mãe.'

Então o Davi ficou surpreso: 'Por que ele fez isso?'

'Porque quando as crianças estão crescendo, elas experimentam e fazem coisas loucas, estúpidas e cruéis entre si. Mas isso não significa que elas sejam loucas ou cruéis.'

O Davi se transformou na minha frente. Ele tinha feito algo monstruoso, totalmente condenável, mas se sua mãe não o via como um monstro e se seu tio, que tinha feito algo tão mau, tornou-se legal, então talvez houvesse esperança para ele também.

Depois que o Davi saiu eu fiquei sentada na cama, revendo a cena inteira na minha mente, várias vezes. De repente, ocorreu-me que pensar no Davi de outra maneira era só uma parte da resposta. O resto da resposta consistia em exigir que ele se comportasse de modo diferente e responsabilizá-lo por essa mudança de comportamento. Era isso que ele necessitava dos adultos em sua vida.

Na semana seguinte, ele me testou de novo. Estava perseguindo seu irmão na sala, provocando-o até fazê-lo chorar. No entanto, dessa vez não me desesperei. Em vez disso, puxei-o pelos ombros, virei-o em minha direção e fixei meus olhos nos dele. 'Davi', eu disse com firmeza, 'você tem uma capacidade superior de ser bom. *Use-a!*'

Ele sorriu timidamente. Mas a provocação terminou."

Todos no grupo pareciam fascinados com a minha história. "Estou impressionada", disse a mãe que estava defendendo a ideia de que as características são inatas.

Eu me dirigi diretamente a ela: "O argumento que você mencionou antes é verdadeiro. As crianças nascem com características de personalidade diferentes. Mas, como pais, nós temos o poder de estimular algumas características, dando uma mão à natureza. Usemos nosso poder sabiamente. Não coloquemos nossos filhos em papéis que os prejudiquem".

A mãe parecia incomodada. "Mas eu nem saberia por onde começar. O que eu teria de fazer? Para fazer que minhas duas filhas passem por esse tipo de mudança, eu preciso saber mais sobre o modo de proceder."

Um pai disse: "Estou começando a perceber que isso é muito complicado. Se você quiser ajudar um filho a mudar, você deve se preparar para tratar dos outros também".

Tive uma ideia: "Por que não consideramos o exemplo de dois irmãos que estejam desempenhando papéis opostos para ver se conseguimos descobrir como retirá-los dos papéis em que estão presos?"

"Ok", ele respondeu.

"Que papéis usaremos?", eu perguntei.

Ele não hesitou: "Que tal aqueles que você acabou de mencionar – agressor e vítima? Porque esses também são os papéis do meu filho e da minha filha... Se todos concordarem, claro".

Todos estavam totalmente de acordo. Tornou-se evidente que a combinação agressor/vítima era bem popular.

Comecei a pensar em um modo de estruturar o nosso exercício. Já que tínhamos concluído na semana anterior que o papel atribuído a um filho no meio familiar tinha três fontes principais – os pais, os irmãos e o próprio filho –, poderia ser útil imaginar momentos em que cada uma dessas fontes estivesse piorando a situação, e então pensar no que poderíamos, ou não, fazer a esse respeito. Nossa tarefa seria dupla: liberar o agressor para que fosse empático; liberar a vítima para que fosse forte.

Eis o que elaboramos, em forma de quadrinhos.

Lembrete:

Não permita que a criança seja aprisionada em um papel

Nem por seus pais
EM VEZ DE: João, você escondeu a bola do seu irmão? Por que você sempre é tão ruim?
PAI: Seu irmão quer a bola de volta.

Nem pela própria criança
JOÃO: Eu sei. Eu sou ruim mesmo.
PAIS: Você também é capaz de ser gentil.

Nem por seus irmãos
IRMÃ: João, você é um chato! Papai, ele não quer me emprestar o durex!
PAI: Tente pedir de um jeito diferente. Você pode se surpreender com a generosidade dele.

Se o João atacar seu irmão, dê atenção ao irmão sem atacar o João
PAI: Deve estar doendo. Deixe-me ver. O João precisa aprender a expressar seus sentimentos com palavras, e não com os punhos!

Ficamos contentes com os exemplos que elaboramos, mas também surpresos por termos levado tanto tempo para concluí-los. Foi preciso pensar bastante para encontrar afirmações que ajudassem ambos os filhos a se verem diferentemente.

CHEGA DE AGRESSORES

EM VEZ DE O PAI TRATAR O FILHO COMO "MAU"...

O PAI DEVE AJUDÁ-LO A PERCEBER QUE ELE PODE SER EDUCADO

QUANDO OS IRMÃOS O TRATAREM COMO "MAU"...

O PAI PODE OFERECER AOS FILHOS UM NOVO PONTO DE VISTA EM RELAÇÃO AO IRMÃO

QUANDO O FILHO SE VÊ COMO "MAU"...

O PAI PODE AJUDÁ-LO A RECONHECER SUA CAPACIDADE DE SER BOM

CHEGA DE VÍTIMAS

EM VEZ DE O PAI TRATAR O FILHO COMO VÍTIMA...

O PAI PODE MOSTRAR A ELE COMO SE DEFENDER SOZINHO

QUANDO OS IRMÃOS O TRATAREM COMO VÍTIMA...

OS PAIS PODEM LHES OFERECER UM NOVO PONTO DE VISTA EM RELAÇÃO AO IRMÃO

QUANDO O FILHO SE VÊ COMO VÍTIMA...

O PAI PODE AJUDÁ-LA A RECONHECER SEU POTENCIAL

Olhei para o meu relógio. Ainda tínhamos meia hora. Tinha a impressão de que já havíamos explorado nosso assunto de modo profundo e que aquele seria um bom momento para consolidarmos nossas ideias. Então distribuí cópias do material que eu tinha preparado em casa (com o conteúdo do "lembrete" anterior) e disse a todos que faríamos um breve intervalo.

CHEGA DE CRIANÇAS-PROBLEMA

A sala se esvaziou. Alguns foram beber água, outros ficaram conversando no corredor. Sentei-me na minha cadeira e li minhas anotações para planejar como prosseguiríamos. Na realidade, já tínhamos coberto todos os pontos principais e muito mais. Pensei em dispensar o grupo mais cedo.

De repente percebi que eu não estava sozinha. Uma mãe estava de pé, em frente à minha mesa, esperando que lhe desse atenção. Parecia agitada. "Posso falar com você em particular?", ela sussurrou.

Pedi que se sentasse.

"Fiquei muito chateada com toda essa discussão", confidenciou, falando rápido. "A conclusão foi a de que qualquer filho pode ser liberado do desempenho de qualquer papel. Mas não é bem assim. O que se pode fazer quando a criança sofre de um problema sério ou tem alguma deficiência? A deficiência em si se torna um papel, e ninguém pode liberar uma criança disso."

Não sabia bem aonde ela queria chegar.

"E não é culpa de ninguém", ela continuou, com voz trêmula. "Não é culpa dos pais. Não dei a meu filho uma dificuldade de aprendizagem. Não foram seus irmãos que lhe fizeram isso. E não foi ele, com certeza, que causou isso. No entanto, ele está aprisionado em seu papel e nada que qualquer um faça vai mudar isso!"

Tratava-se de um problema sério. Não haveria dispensa antecipada.

"Por favor", eu disse. "A questão que você está levantando é importante para todos nós. Você poderia considerar a possibilidade de compartilhar suas ideias com o grupo?"

"Eu não acho que eles... provavelmente sou a única que tem um... Bem, se você quiser, tudo bem."

Quando nos reunimos, ela repetiu ao grupo o que tinha me dito.

Eles ouviram de forma respeitosa e então, delicadamente, pediram mais detalhes.

"Bem", começou ela com ar relutante, "sempre que o Nélson não entende algo, ele se joga, chuta, xinga, faz ruídos estranhos, então fala que é muito burro. Ele se vê como 'o que tem dificuldade para aprender'. Esse é o papel dele. E é esse papel que ele interpreta o dia todo."

O grupo e eu também ficamos inquietos. Eu devia ter confiado no instinto dessa mãe e evitado que ela revelasse sua penosa situação a pessoas que possivelmente não conseguiriam entender sua experiência. Todos ali tinham filhos normais com problemas normais.

Outra mãe levantou a mão e falou lenta e deliberadamente: "O que você descreveu é muito familiar para mim. Meu filho Jonas tem paralisia cerebral e, independentemente de quanto tenhamos tentado ajudá-lo, ele sempre fica frustrado com o que não consegue fazer. Sua raiva é constante – raiva de mim, de seu pai, de sua irmã, mas acima de tudo de si mesmo. Eu diria que sua identidade está muito ligada à sua paralisia cerebral".

O grupo ficou mudo. Atônito. Os problemas apresentados por essas mães pareciam extremos demais para ser abordados por meio de qualquer das habilidades ali discutidas.

Muito educadamente, alguém perguntou à mãe de Jonas: "Como sua filha reage a tudo isso?"

"Ah, a Jéssica é maravilhosa, simplesmente maravilhosa! Ela quase não me dá trabalho nenhum."

Quase todos ficaram aliviados. Exceto um pai. Ele parecia bravo.

"Tenho certeza de que é maravilhosa", ele exclamou, "mas ela não deveria ter a preocupação de ter de ser maravilhosa. Não é justo com ela. É uma criança, deveria sentir-se livre para precisar da sua atenção. Não deveria ser obrigada a pisar em ovos durante toda a sua infância somente para compensar os problemas de seu irmão."

Várias pessoas olharam para ele consternadas, atônitas com a dureza de suas palavras. Ele as ignorou e continuou dirigindo-se à mãe do Jonas: "Estou falando isso por experiência própria. Meu irmão mais novo era uma criança doente. Quando tinha 7 anos, tinha asma; quando tinha 13, teve úlcera. Meus pais só pensavam e falavam nas doenças do Ronaldo. 'A asma do Ronaldo não atacou hoje'; 'A úlcera do Ronaldo está pior hoje'. O que eu necessitava não era importante. Nunca me esquecerei de quando, com 14 anos, pedi a meu pai dinheiro para ir ao cinema. Ele ficou furioso comigo. Disse: 'Como você pode pensar em ir ao cinema quando seu irmão está tão doente?'"

A mãe do Jonas estava visivelmente nervosa.

Ele continuou: "Vejam bem, eu não estou minimizando o que você está enfrentando, mas considere a opinião de alguém que foi uma dessas crianças 'maravilhosas': é um papel horrível de se interpretar. É uma grande pressão ter de ser um 'menino maravilhoso' o tempo todo. As crianças merecem o direito de ser comuns – e de que seus desejos comuns sejam tão importantes quanto os da criança que tem um problema".

"Cresci com uma irmã com uma deficiência", afirmou, com amargura, outra mãe. "E sei exatamente do que você está falando."

O comentário me pegou de surpresa. Evidentemente, mais de uma pessoa ali tinha convivido com um irmão com problemas sérios.

"Meus pais", a mãe continuou, "faziam-me acreditar que, já que eu era normal, não merecia atenção. E minha irmã precisava ser carregada o tempo todo, porque ela usava cadeira de rodas. Eu sempre tive a impressão de que ela fingia ser mais indefesa do que era para tirar vantagem da situação. Quando eu pedia alguma coisa, minha mãe e minha avó diziam: 'Você devia ter vergonha! Sua irmã precisa de nós muito mais do que você'. E elas ainda se admiravam que eu não fosse boa com ela!"

"Bem", eu disse vagarosamente, tentando assimilar o que tinha acabado de ouvir, "parece-me que quando um filho é visto como a criança-problema, seja qual for o motivo para isso, certa dinâmica entra em ação:

- A criança-problema se torna mais problemática.
- O pai, sobrecarregado, começa a fazer exigências ao filho 'normal' para compensar o trabalho que tem com a criança-problema.
- As necessidades dos irmãos 'normais' são desconsideradas.
- Os irmãos 'normais' ficam ressentidos com o 'filho-problema'."

"Como é possível", continuei, "ter um bom relacionamento com um irmão que o deixa ressentido e faz que você se sinta culpado por apresentar esse ressentimento?"

"Não é possível", disse o pai. "Esse é o problema."

Não encontrei nenhuma resposta. "Então qual seria a solução?", perguntei.

Ele respondeu vigorosamente: "Exatamente o que temos falado aqui: não atribuir papéis aos filhos. É preciso vê-los como seres inteiros. Por que deveria ser diferente com um filho que é deficiente ou doente? Meu irmão Ronaldo era muito mais que a sua asma ou a sua úlcera".

A mãe cuja irmã usava cadeira de rodas falou com o mesmo fervor: "Eu diria o seguinte: tratem todos os filhos como pessoas que estão bem. Mesmo as crianças com problemas sérios. Eles podem fazer muito mais do que nós pensamos".

Eles soaram convictos. A teoria era linda. Mas seria aplicável? Seria realista pensar que poderíamos tratar esses filhos como se fossem capazes, "normais", especialmente quando estivessem exibindo seu comportamento problemático? Parecia ser um desafio enorme.

"Vejamos se isso é possível", eu disse ao grupo. "Consideremos as mesmas situações que vocês mencionaram – a criança que se sente derrotada pelo seu transtorno de aprendizagem; a criança que, em uma cadeira de rodas, finge ser mais indefesa do que é – para descobrirmos se realmente podemos, nesses momentos difíceis, tratar todos os filhos como se estivessem bem."

Depois de muita discussão, eis o que elaboramos.

CHEGA DE VÍTIMAS

EM VEZ DE CONCENTRAR-SE NAS INCAPACIDADES DAS CRIANÇAS, FOCALIZE SUAS CAPACIDADES

EM VEZ DE... INCENTIVE A CAPACIDADE

EM VEZ DE... INCENTIVE A CAPACIDADE

EM VEZ DE... DESTAQUE AS HABILIDADES

Após todo o nosso trabalho e discussão, uma nova convicção começou a transparecer entre os membros grupo. Várias pessoas se esforçaram para expressá-la em palavras, cada qual dando sua contribuição e somando-a às ideias dos outros.

"O que percebo agora é que cabe aos pais definir o tom, deixar claro que ninguém na família é 'o problema'."

"Alguns de nós podem ter mais necessidades ou enfrentar mais desafios, mas todos precisamos ser aceitos como somos."

"E cada um de nós é capaz de crescer e mudar."

"O que não significa que não teremos problemas, mas que lidaremos com eles à medida que forem surgindo. O mais importante é acreditarmos em nós mesmos."

"E acreditarmos uns nos outros."

"E apoiarmos uns aos outros, como membros do mesmo time. Porque ser uma família consiste nisso."

Olhei para todos os participantes. Pude notar faces mais resolutas. Uma grande semente fora plantada durante aquele encontro, e eu me perguntava o que resultaria dela.

Lembrete:

As crianças com problemas não precisam ser vistas como crianças-problema.

Elas precisam de:

Aceitação de sua frustração
"Isso não é fácil. Realmente pode ser frustrante."

Apreciação pelo que realizaram, ainda que de modo imperfeito
"Você melhorou bastante."

Ajuda para que se concentrem nas soluções
"Essa é uma questão difícil. O que se pode fazer em um caso desses?"

AS HISTÓRIAS

A semente germinou. A simples ideia de que nós, como pais, temos o poder de ajudar a liberar nossos filhos da prisão imposta por seus rígidos papéis estimulou a imaginação de todos. De repente não havia limitação quanto àquilo que uma criança poderia se tornar. Os participantes relataram que, no momento em que tomaram a decisão de ver seus filhos com outros olhos, alguns eventos diferentes aconteceram em casa.

Desde que a Cláudia era pequena ela era "organizada". Era o tipo de criança que, sem que ninguém lhe pedisse, recolhia seus brinquedos e os guardava – organizando-os por ordem de tamanho, ainda por cima. A Vívian, por outro lado, é totalmente bagunceira. Ela nunca guarda nada e nunca sabe onde as coisas estão. Então, no último fim de semana, quando reparei que a despensa estava uma bagunça, quase disse, automaticamente: "Venha cá, Cláudia. Você é a minha organizadora. Eis uma missão para você".

Mas não fiz isso. Resolvi chamar a Vívian: "Filha, eu não aguento essa bagunça. Temos de arrumar essa despensa. Você pode me ajudar?"

Ela respondeu: "Tudo bem"; então, tirou tudo da despensa: caixas, sacolas, jarras, latas, utensílios. Fiquei nervosa, pois pensei: "Ela nunca vai colocar essas coisas de volta, e no fim eu vou ter de guardar tudo".

Mas ela não só continuou firme como não parou até que cada prateleira tivesse sido limpa e cada coisa estivesse guardada, na mais perfeita ordem. Até achou um lugar para guardar as minhas sacolas, e eu acabei ficando com mais espaço do que tinha antes.

Vocês acreditam? Minha bagunceira (brincadeira!) fez um trabalho impecável!

★ ★ ★

Nós achávamos que estávamos fazendo um grande favor ao Michel ao dizer-lhe constantemente que ele já era bem grande. Era sempre assim:

"Mamãe, papai, nosso garotão e a nenê". Mas, depois da última semana, o Carlos e eu tivemos uma longa conversa e concluímos que estávamos privando o Michel de sua porção bebê. Por exemplo: quando a nenê começou a engatinhar, nós dissemos: "Nossa, ela está engatinhando!" E fizemos a maior festa. Já quando o Michel começou a engatinhar atrás dela, nós o impedimos e lhe dissemos que meninos grandes não podiam se comportar daquele jeito.

Então, demos início à mudança. A primeira coisa que fizemos foi abandonar totalmente os rótulos. "Menino grande" e "nenê" nunca mais! Passamos a chamá-los apenas de Michel e Júlia. E eu acho que isso ajudou. Ontem eu estava com a Júlia em uma perna e o Michel se sentou na outra. Ele começou a se balançar para lá e para cá e disse: "Sou o Superbebê!" Então ele olhou para mim, para ver como eu reagiria. Sorri e respondi: "Oi, Superbebê!" Desde então, sua brincadeira favorita passou a ser sentar-se no meu colo e fingir que é o Superbebê, que saiu da maternidade andando, falando, correndo e nadando!

* * *

O que vou relatar foi a minha primeira tentativa de ajudar o Hélio (o briguento) e o Oscar (o fracote) a se verem de forma diferente.

Ouvi barulhos suspeitos vindos do quarto. Fui verificar o que ocorrera e encontrei o Hélio sorrindo, sentado em cima do Oscar, que estava deitado no chão. Quase gritei: "Hélio, saia de cima dele! *Agora, já*, seu bobo, antes que você o mate!" Mas aí eu me lembrei do que discutimos nas reuniões.

EU (tentando parecer tranquila): Oscar, que sorte você ter um irmão que pode ensiná-lo como brincar de brigar sem ser violento demais. (O Hélio parecia surpreso.)

EU: E ainda bem que você é forte e consegue aguentar! (Agora o Oscar pareceu surpreso.)

Saí do quarto e rezei.

Nos minutos seguintes, escutei: "PÁ! PUM!", mas não berros. Então o Oscar veio até a cozinha, chorando. O Hélio veio atrás dele.

Oscar: Ele me machucou!

Eu (sem saber se conseguiria continuar): Diga ao Hélio, para que ele saiba que não deve usar tanta força.

Oscar: Eu disse!

Eu: Diga-lhe de novo. Diga-lhe que você não vai lutar com ele se ele não o ouvir. *Ele vai parar quando você disser que dói.* O Hélio não é bobo. Ele consegue entender isso.

Eles se olharam e correram de volta para o quarto. Alguns segundos depois, ouvi um grito estridente. Corri para o quarto. Antes que eu alcançasse a porta, escutei:

Hélio: Desculpe. Eu já pedi desculpa! Bata de volta. Ai! Não tão forte! Venha cá, vou mostrar para você como se dá uma chave de braço.

E mais barulhos... De repente, tum!

Abri a porta. A estante estava derrubada e todos os jogos e livros se encontravam espalhados pelo chão.

Eu: Agora estou brava! *Vocês dois* estão encrencados! Não ousem falar comigo até que o quarto inteiro esteja arrumado!

Eles deram uma risadinha e começaram a recolher os livros. Pela primeira vez eles estavam no mesmo time – eram parceiros no crime.

Saí do quarto com um olhar de raiva, mas estava sorrindo por dentro!

Tendo se conscientizado de como suas palavras e atitudes podem aprisionar um filho em um papel, os pais também se tornam mais cuidadosos com relação ao que os irmãos dizem uns aos outros. Se, antes da nossa sessão, eles poderiam não dar importância caso um filho rotulasse o outro, agora eles se recusam a deixar isso para lá. Eis alguns trechos de diálogos relatados.

Bernardo (para mim, na frente do irmão, Ricardo): Eu não sou que nem o Ricardo. Ele é tímido. Eu digo "oi" para as pessoas.

MÃE: Acho que você gosta de dizer "oi" para as pessoas. Quando o Ricardo decidir que quer dizer "oi", ele vai dizer.

* * *

ALEX: Mãe, o José é tão fresco para comer! Nem atum ele quer provar.
MÃE: O José sabe do que gosta. Ele vai provar quando estiver pronto.

* * *

FELIPE (para a irmã caçula): Menina má!
PAI: Ei! Não quero que nenhum dos meus filhos seja chamado de mau! Se você não quiser que ela morda seu urso de pelúcia, então substitua-o pelos brinquedos dela.

* * *

CARLA: Mãe, eu perdi o dinheiro do almoço.
MÃE: De novo?
CARLA: A culpa não foi minha. Meu bolso estava furado.
IRMÃ: Você é tão descuidada!
MÃE: Eu não acho, Carla. Acho que você só precisa encontrar um lugar seguro para guardar o seu dinheiro.

Finalmente, à medida que os pais se convenciam de que, caso um filho fosse associado a um papel negativo, o relacionamento entre todos seria prejudicado, eles intensificaram seus esforços para destacar os aspectos positivos de cada filho e da família como um todo.

Minha filha mais nova, Raquel, sempre tendeu a ser meio grudenta, ainda mais agora que sua mãe e eu estamos divorciados. Suas irmãs só pioram as coisas quando a chamam de "pestinha" e "chata".

Estava me perguntando o que eu poderia fazer a respeito quando, de repente, lembrei-me de um exercício que tinha feito em uma aula de relações humanas na faculdade, chamado "Bombardeio de força". Cada um tinha de escrever, em relação aos outros alunos, três características de que gostava, e eu nunca me esqueci de como me senti bem quando vi a lista das coisas que as pessoas tinham escrito sobre mim.

Então, quando as meninas vieram passar o fim de semana comigo, eu as chamei e pedi que se sentassem em almofadas no chão da sala. Em seguida expliquei que faríamos algo diferente naquela noite. Cada uma teria a oportunidade de dizer três coisas que apreciava nas outras. Eu anotaria o que elas diriam, separando uma folha para cada uma. Sugeri que começássemos com a Raquel.

A Ana disse: "A Raquel é boazinha".

Expliquei: "A ideia é dizer algo específico que você aprecie na Raquel". A Ana então falou: "Gosto de como a Raquel entra no quarto, ri e fala comigo sobre um programa divertido a que assistiu".

A Raquel começou a sorrir.

"Mais uma coisa", eu disse.

"Fico contente por a Raquel pedir que eu leia para ela."

Anotei os seis comentários positivos sobre a Raquel. Então fizemos a lista com as qualidades das outras meninas. Os comentários tornaram-se cada vez mais específicos. Elas disseram coisas como:

EMÍLIA: Eu gosto da imaginação da Ana, de como ela brinca com as bonecas e inventa conversas elaboradas com elas.

ANA: Eu gosto da educação da Emília, do jeito como ela diz: "Por favor, passe-me as batatas".

RAQUEL: Acho legal que a Emília entre no meu quarto quando estou me sentindo mal e pergunte: "O que foi, Raquel?" E que me abrace depois.

À medida que continuávamos, elas ficavam mais entusiasmadas umas com as outras. Então, a Ana perguntou: "A gente também pode dizer coisas que apreciamos em nós mesmas?"

Respondi: "Claro!" E então acrescentei mais coisas à lista de cada uma.

ANA: Quando um gato perdido está assustado, eu falo baixinho com ele e consigo acalmá-lo.

EMÍLIA: Eu sempre ensino novas brincadeiras para a Raquel.

RAQUEL: Gosto do jeito como me penteio.

Ninguém pegou no pé da Raquel durante todo o fim de semana, e notei que, antes de ir embora, cada uma tratou de guardar sua lista na mochila.

★ ★ ★

Quando o Jonas (4 anos e meio) ainda era bebê, descobrimos que ele tinha ataxia. Sabíamos que todos teríamos de fazer muitos ajustes em nossa vida, mas, surpreendentemente, uma das coisas mais difíceis para nós foi renunciar às nossas atividades ao ar livre. Até então éramos uma família aventureira. O Carlos e eu adoramos acampar e a Jéssica, minha filha de 8 anos, é uma superatleta. Ela tem ótima coordenação e equilíbrio. Ela patina, joga tênis, nada e é a corredora mais veloz de sua turma.

A Jéssica nos implorou que a levássemos para patinar nos fins de semana, e geralmente um de nós ia com ela, mas isso significava que o outro teria de ficar em casa com o Jonas. Tentamos explicar a ela que seu irmão não podia fazer certas atividades, mas ela sempre alegava que ele "estragava tudo".

Bem, depois da nossa última sessão, ocorreu-me que eu estava agindo de modo errado com a Jéssica e o Jonas, enfatizando constantemente o que ele não conseguia fazer e pedindo que ela entendesse que seu irmão não era normal. No sábado de manhã, fizemos uma reunião familiar e eu disse a todos que, daquele ponto em diante, nossa família criaria o "novo normal". A partir de então, nossa vida seria diferente da de outras famílias, mas nossa rotina seria o *nosso* normal. Cada membro da família seria aceito como é, total e incondicionalmente. Cada pessoa participaria (ou não) dos projetos ou excursões da família e dos esportes como quisesse, ou conforme o seu nível de habilidade. Então, todos nos vestimos para ir patinar no gelo.

A Jéssica foi a primeira a entrar na pista de gelo. Ela patinava muito rápido, e com tanta graça! Então o Jonas pisou no gelo – usando patins alugados, um capacete, uma almofada na frente, uma atrás (presas com um cinto do pai) – com dois adultos segurando-o, um de cada lado.

Levamos quinze minutos para dar uma volta completa na pista com o Jonas. Mas ele estava muito feliz. A Jéssica passou por nós mais ou menos vinte vezes, encorajando o irmão. Quando saímos da pista, o Jonas sorriu de orelha a orelha e disse: "Puxa! Aposto que vocês não imaginavam que eu patinava tão bem!"

6. QUANDO AS CRIANÇAS BRIGAM

COMO INTERVIR CONSTRUTIVAMENTE

Finalmente, as brigas.

"É hoje mesmo?", uma mãe perguntou. "A discussão não vai ser adiada de novo, não é? Porque estou esperando por esse momento desde o nosso primeiro encontro."

"Não me digam que seus filhos ainda estão brigando!", eu disse, fingindo estar horrorizada.

Ela não parecia disposta para brincadeiras. "Não estão brigando tanto", respondeu. "Estou fazendo muitas coisas de modo diferente e eles estão se entendendo melhor. Mas quando brigam, ainda não sei bem o que fazer."

"O que nós geralmente fazemos quando as crianças brigam?", perguntei ao grupo.

"Ficamos de fora", várias pessoas responderam quase ao mesmo tempo.

"O que mais?"

"Deixamos que eles resolvam sozinhos."

"Por quê?"

"Porque se você começar a interferir, as crianças vão tentar envolvê-lo."

"E, se você sempre resolver as brigas por eles, não aprenderão nunca a solucionar os conflitos sozinhos."

Eu disse: "Então, parece que todos vocês concordam que seria uma boa ideia ignorar as brigas sempre que for possível e convencer-se de que as crianças estão, dessa forma, aprendendo a lidar com as diferenças de opinião".

A mãe que abrira a nossa sessão não ficou satisfeita com a minha síntese. "Não me refiro a pequenos desentendimentos; refiro-me a gritos, xingamentos e objetos sendo atirados. Não consigo ignorar isso."

Naquele momento anunciei: "Eis o que discutiremos hoje: como intervir construtivamente nas brigas das crianças quando sentirmos que devemos fazê-lo. Mas primeiro acho importante refletirmos um pouco sobre a possibilidade de haver algum outro motivo para as brigas que ainda não tenha sido mencionado".

Eu havia proposto a questão a um grupo de especialistas. Suas respostas vieram uma atrás da outra.

"Minha filha briga pela propriedade – qualquer coisa que ela tenha é dela, e qualquer coisa que seu irmão tenha *deveria ser* dela."

"Os meus brigam por território: 'Paaaaai! Ele pôs o pé no *meu quarto!*'"

"Eu costumava brigar com a minha irmã para conseguir que meu pai me defendesse, pois assim provaria a ela que ele gostava mais de mim."

"Isso pode parecer uma digressão, mas eu acho que às vezes os irmãos de sexo oposto começam uma briga como uma forma de lidar com sentimentos sexuais que possam ter entre si. É uma forma de manter distância."

Várias pessoas ficaram intrigadas, mas nenhuma discordou. A lista continuava a crescer.

"Às vezes as crianças começam uma briga porque estão bravas consigo mesmas e não têm ninguém mais para desabafar."

"Ou porque estão bravas com um amigo e não conseguem bater nele, então batem no irmão."

"Ou porque a professora os repreendeu na escola."

"Ou porque não têm nada melhor para fazer. Com o meu filho e a irmã mais nova é assim. Ele a incomoda por não ter o que fazer; diz coisas como: 'Você sabia que as suas pernas vão cair?'; 'Você sabia que quando nasceu você era um cachorrinho?'"

"Meu filho briga com o irmão menor para se sentir o maioral. Uma vez, quando ele o estava importunando, eu disse, com um pouco de sarcasmo: 'Puxa, é divertido amolar seu irmão, né?' E ele respondeu: 'É, sinto que me dá força. E eu preciso dela para jogar futebol'."

"Meus filhos brigam porque gostam de ver a minha reação, o 'show' que eu dou. Dois minutos depois de colocá-los na cama, ouço: 'Mããe, ele está pulando em cima de mim! Mããããããe, ele está no meu quarto!' Subo a escada correndo e grito: 'O que está acontecendo? Parem já!' Isso continuou por semanas até que eu descobrisse o que estava ocorrendo. Eles finalmente admitiram para mim que estavam batendo na parede entre os quartos e fingindo estar brigando. Era tudo encenado para me fazer subir seis vezes por noite. Eles achavam que aquilo era muito legal."

Ouviram-se algumas risadas, murmúrios e suspiros.

"A situação na minha casa não é nada engraçada", afirmou a mãe que iniciara a nossa discussão. "Algumas coisas que os meus filhos fazem me apavoram. Outro dia eles estavam atirando blocos pesados de madeira uns nos outros. Depois que eu interrompi a briga e os mandei para os seus respectivos quartos, fiquei com uma dor de cabeça tão forte que tive de me deitar. Então, enquanto eu estava deitada com uma compressa na cabeça, ouvi os dois rindo e começando a brincar juntos. Pensei: 'Ótimo! Finalmente eles se entenderam. Mas eu arranjei uma enxaqueca!'"

"Essa é uma dor de cabeça que podemos tratar", eu disse. "Sugiro que comecemos a examinar o modo como nós em geral reagimos quando as crianças brigam." Solicitei dois voluntários – um para ser o irmão maior e outro para ser a irmã menor.

"Eu posso ser o maior", falou um pai, levantando-se.

"E eu ainda sou a irmã caçula na família", disse uma mãe.

Falei ao "irmão maior" primeiro: "Você tem 8 anos. É uma manhã chuvosa e você está procurando alguma coisa para fazer. De repente, você acha alguns blocos e um jogo de animais de plástico (eu lhe dei os brinquedos). São brinquedos para crianças mais novas, mas você teve uma ideia: vai fazer um zoológico, talvez com uma floresta para os macacos e um lago para as focas... Há muitas possibilidades!"

O intérprete do irmão maior sentou-se no chão e começou a arrumar os animais e a construir uma estrutura. Enquanto isso, chamei a irmã menor e cochichei: "Você não tem nada para fazer hoje de manhã. Faz tempo que você não brinca com esses blocos e animais velhos e sem graça, mas quando você vê que seu irmão está se divertindo tanto com eles, você se agacha e diz: 'Eu também quero brincar'".

Voltei para o meu lugar e esperamos para ver o que aconteceria.

As faíscas começaram a surgir quase imediatamente:

IRMÃ: Eu também quero brincar!

IRMÃO: Não! Eu estou fazendo um zoológico e quero fazer isso sozinho.

IRMÃ (pegando a zebra e dois blocos): Eu também posso brincar se eu quiser.

IRMÃO: Não, não pode! Devolva isso já!

IRMÃ: Posso sim! É meu!

IRMÃO: Eu peguei primeiro!

IRMÃ: Eu posso pegar, se quiser. O papai deu os brinquedos para mim também.

IRMÃO (agarrando a mão dela e forçando-a a abri-la): Devolva!

IRMÃ: Ai! Você está me machucando!

IRMÃO: Já falei: devolva!

IRMÃ: Mããããe! Ele está me machucando! Mande que ele pare! Mããããe!

Voltei-me aos pais: "Nesse ponto, o que vocês geralmente fazem? Não tenham vergonha, digam a primeira coisa que vier à mente".

"Eu correria até lá e mandaria que parassem."

Irmãos sem rivalidade

"Eu pegaria os brinquedos e os mandaria para o quarto."

"Eu lhes diria que estavam se comportando como animais."

"Eu os convenceria a brincar direitinho e a compartilhar os brinquedos."

"Eu tentaria descobrir quem começou a briga."

"Eu ficaria do lado do maior. Ele pegou os brinquedos primeiro."

"Eu ficaria do lado da menor e diria ao maior que encontrasse outra coisa para fazer."

"Eu lhes diria que aquela briga estava me deixando doente."

"Eu lhes diria: 'Não me interessa quem começou, só quero que isso acabe'."

Então eu disse: "Estamos diante de uma oportunidade rara. Eu gostaria que vocês repetissem o que acabaram de dizer a essas 'crianças de mentira' para que possam ver como suas palavras os afetam".

Cada pai, um de cada vez, aproximou-se dos irmãos briguentos e fez seu "discurso" para acabar com a briga. Os "filhos" reagiam após cada fala. Os resultados aparecem em seguida, em forma de quadrinhos (você verá o mesmo pai tentando várias formas de abordagem).

Quando terminamos o exercício, tornou-se dolorosamente claro para todos que as estratégias que estavam sendo usadas levavam a maior frustração e ressentimento entre os irmãos.

Então, eu me preparei para mostrar aos pais uma nova forma de atuação. Primeiro, descrevi os passos que seguiria ao interferir na briga:

1. Comece pelo reconhecimento dos sentimentos de raiva que um filho apresenta em relação ao outro. Isso já deve ajudá-los a se acalmar.
2. Ouça a versão de cada criança, de forma respeitosa.
3. Mostre que se trata de um problema difícil de resolver.
4. Expresse a sua crença de que eles serão capazes de encontrar uma solução boa para os dois.
5. Saia da sala.

Agora vejamos o que acontece quando tentamos pôr em prática essas habilidades.

REAÇÕES INÚTEIS ÀS BRIGAS DOS FILHOS

REAÇÕES INÚTEIS ÀS BRIGAS DOS FILHOS

COMO REAGIR CONSTRUTIVAMENTE À BRIGA DOS FILHOS

FILHOS SE ENTENDENDO

Quando nosso exercício terminou, eu pedi às "crianças" que contassem como se sentiram após a minha intervenção.

IRMÃO: Senti que você me respeitou e confiou em mim. Também gostei de quando você disse que a solução tinha de ser justa para nós dois. Isso significava que eu não teria de abrir mão dos brinquedos.

IRMÃ: Eu me senti muito adulta. E foi bom você ter saído da sala, pois, se você não tivesse saído, eu poderia ficar preocupada em chamar a sua atenção e começar a gritar de novo.

Havia chegado o momento de o grupo fazer perguntas para mim.

"Mas e se as crianças não tiverem a mínima ideia de como chegar a uma solução? Meus dois filhos só ficariam olhando um para o outro."

"Nesse caso, você poderia oferecer uma ou duas sugestões antes de sair, como: 'Vocês poderiam se revezar... ou brincar juntos. Conversem sobre as possibilidades. Vocês vão encontrar uma solução'."

"E se, enquanto tentam resolver o problema, voltarem a gritar um com o outro?"

Falei com as "crianças" de novo, como se fosse a mãe delas: "Vou fazer uma coisa que pode desagradar a algum de vocês: *eu* vou decidir quem fica com o quê. Filho, você pode continuar a fazer o seu zoológico. Filha, você virá comigo e me fará companhia. Porém hoje, depois do jantar, todos nós vamos conversar. Precisamos determinar algumas regras quanto ao que fazer quando uma pessoa está brincando com alguma coisa e a outra também quer brincar".

O comentário seguinte foi feito pela mãe que tinha tido uma enxaqueca: "Mas nós ainda não lidamos com uma questão muito importante: o que fazer quando as crianças correm risco de se machucar?"

"Faremos isso agora", eu afirmei. "Você entra no quarto e encontra seu filho menor de pé sobre uma cadeira, ameaçando jogar um caminhão de metal no irmão. O mais velho está ameaçando o menor com um bastão de beisebol."

"Isso!", ela exclamou. "Isso realmente poderia acontecer com os meus filhos."

QUANDO A BRIGA ESTÁ CHEGANDO AO PONTO DE MACHUCAR

1. DESCREVA

2. ESTABELEÇA LIMITES

3. SEPARE-OS

"Infelizmente, isso aconteceu mesmo com os meus, e os desenhos que vou distribuir agora ilustram as habilidades que salvaram a minha vida e a dos meus filhos em mais de uma ocasião."

Todas as mãos se estenderam para receber o material.

"O que eu mais apreciei nessas habilidades", eu disse, "foi o poder que senti quando as utilizei. Minha descrição com voz alta e forte do que eles estavam prestes a fazer os surpreendeu e os fez parar. Minha grande convicção de que *machucar o outro não seria permitido na nossa casa* superou sua raiva mútua. E, no final, senti que eles ficaram gratos por ter uma mãe que se importava com eles, que sempre os protegeria, ainda que fosse um do outro."

"Seus filhos tiveram sorte", disse um pai, em tom de lamento. "Meu irmão gêmeo comportava-se comigo literalmente como um tirano quando éramos pequenos, e meus pais se omitiram por completo. Às vezes eles olhavam para a sala, onde eu estava sendo espancado, e não apresentavam nenhuma reação, ou nem se davam conta do que estava acontecendo. Para eles era só 'briga de criança'. Sempre me perguntei: 'Como eles deixaram meu irmão fazer aquilo impunemente? Por que eles nunca o impediram?' Afinal, eles eram os pais, seres fortes e poderosos. Era de imaginar que eles pudessem fazer que o meu irmão parasse, informando-o de que, sob nenhuma hipótese, poderia me usar como um saco de pancadas humano. No entanto, por algum motivo, isso nunca foi feito, ou pelo menos não foi feito de forma efetiva."

Outro pai perguntou: "Seria possível que seus pais não tivessem percebido o que estava acontecendo? Talvez eles pensassem que vocês só estavam brincando de brigar. Por experiência própria, sei que às vezes é difícil saber quando se trata de uma briga de brincadeira ou uma briga de verdade, porque são bem parecidas".

"Se você não tiver certeza", eu disse, "o ideal é perguntar diretamente: 'Essa briga é de brincadeira ou de verdade?' Às vezes eles falam: 'É de brincadeira!', e, dois minutos depois, você ouve um choro. Esse é o sinal para voltar lá e dizer: 'Estou vendo que isso virou uma briga de verdade, que machucou de verdade, e isso eu não permito. É hora de vocês se separarem'."

"Mas e se um deles disser: 'É de brincadeira!', e o outro: 'Não é não. É de verdade! Ele me machucou!'?"

"Essa é a sua oportunidade de estabelecer outra 'regra da casa': *só é permitido brigar de brincadeira com consentimento mútuo*. Se alguém não estiver gostando da brincadeira, então será preciso parar. É importante enfatizar a ideia de que um filho não pode obter prazer à custa do outro."

"Gostaria que meus pais soubessem disso quando eu era criança", comentou uma mãe. "A memória mais devastadora da minha infância relaciona-se aos momentos em que meus irmãos me seguravam e faziam comigo o que eles chamavam de 'tortura das cócegas'. Eles me faziam rir até quase perder o fôlego. E meus pais permitiam. Eles achavam que todos estavam se divertindo. Nenhum deles pensou em me perguntar se eu gostava daquilo."

"Estou um pouco confuso", confessou um pai. "No começo da sessão concordamos que é importante ficar de fora das brigas das crianças. Mas desde então só o que foi dito é que devemos intervir. São instruções contraditórias."

"Há um momento certo para ambas as atitudes", eu respondi. "Os filhos devem ter a liberdade de resolver suas próprias diferenças. Eles também têm o direito à intervenção de adultos quando necessário. Se um filho sofrer abuso, físico ou verbal, teremos de agir. Se houver um problema que incomode toda a família, teremos de interferir. Se houver um problema que se manifeste continuamente, sem que se consiga solucioná-lo, teremos de intervir."

"Mas há uma diferença: nossa intervenção não deve ter o propósito de resolver a discussão ou fazer um julgamento; deve visar à abertura dos canais de comunicação bloqueados, para que nossos filhos voltem a lidar um com o outro."

"Mas e se eles não conseguirem?"

"Isso pode acontecer. Há problemas que envolvem uma carga emocional tão grande que as crianças não são capazes de resolvê-los sozinhas. Elas precisam da presença de um adulto imparcial. E é sobre isso – como podemos ajudar nossos filhos quando ocorrem problemas sérios – que falaremos na semana que vem."

"Até lá, vocês têm muitas habilidades novas para colocar em prática, e tenho certeza de que seus filhos lhes oferecerão muitas oportunidades para isso."

Uma mãe comentou: "Você vai ver! Aposto que nessa semana, só para contrariar, eles não vão brigar".

O marido deu alguns tapinhas em suas costas: "Com nossos filhos, querida, você não tem com que se preocupar".

Lembrete:

Como lidar com as brigas

Nível I: Briga normal.

1. Ignore-a. Pense nas suas próximas férias.
2. Diga a si mesmo que as crianças estão tendo uma experiência importante para aprenderem a resolver conflitos.

Nível II: Confronto mais acalorado. A intervenção adulta é aconselhável.

1. Reconheça a raiva que eles estão sentindo.

"Vocês dois parecem muito bravos um com o outro!"

2. Descreva o ponto de vista de cada criança.

"Então, Sara, você quer continuar segurando o filhotinho porque ele já se ajeitou nos seus braços. E você, Marcos, também gostaria de segurá-lo."

3. Exponha o problema de forma respeitosa.

"É um problema difícil. Duas crianças para apenas um filhotinho."

4. Expresse confiança na capacidade das crianças para encontrarem uma solução que seja mutuamente satisfatória.

"Eu acredito que vocês conseguirão encontrar uma solução justa para os dois... e justa para o bichinho."

5. Saia do recinto.

Nível III: Situação potencialmente perigosa.

1. Pergunte.

"Isso é uma brincadeira ou é uma luta de verdade?" (Lutas de brincadeira são permitidas, mas as reais não são.)

2. Deixe que saibam disso.

"Brincar de lutar, só com consentimento mútuo." (Se não for divertida para ambos, a brincadeira deve ser encerrada.)

3. Respeite os seus sentimentos.

"Vocês podem estar brincando, mas para mim é uma brincadeira muito bruta. Vocês precisam encontrar outra coisa para fazer."

Nível IV: Situação definitivamente perigosa! A intervenção de um adulto é necessária.

1. Descreva o que está acontecendo.

"Estou vendo duas crianças muito bravas, que podem acabar se machucando."

2. Separe as crianças.

"Não é seguro que vocês fiquem juntos. Nós precisamos de um tempo para esfriar a cabeça. Vamos logo! Você vai para o seu quarto e você para o seu."

COMO INTERFERIR DE MODO QUE DEPOIS POSSAMOS NOS RETIRAR

Tivemos um pouco de dificuldade para dar início à sessão seguinte. Algumas pessoas estavam morrendo de vontade de contar como tinham lidado com as brigas das crianças após a reunião anterior. Outros queriam que continuássemos de onde tínhamos parado na outra semana.

Houve um momento de tensão entre os dois lados.

Um pai sorriu e exclamou: "Briga! Briga!"

Outro bateu na mesa e falou bem alto: "Eu quero contar... Eu quero contar *agora*!"

Eu entrei na brincadeira: "Alguns de vocês não veem a hora de contar a todos como usaram as suas novas habilidades durante a semana".

"Exatamente!", ele exclamou.

"E alguns de vocês estão ansiosos por receber mais instruções. Não querem ouvir histórias, querem mais informações a respeito de como lidar com as brigas!"

"É isso mesmo!", responderam em coro, em meio a risadas.

"O que devemos fazer num caso como esse?"

Houve o consenso de que deveríamos ser "adultos" e encontrar uma solução. Então decidimos que procederíamos à discussão sobre os problemas sérios primeiro e reservaríamos os vinte minutos finais para as histórias.

"Na semana passada chegamos à conclusão de que algumas crianças podem ter diferenças entre si difíceis demais para resolver sozinhas. Entretanto, nossa tendência, como adultos, é não levar a sério as brigas dos nossos filhos, considerando-as 'coisas de criança', e esperar que, de alguma maneira, elas se dissipem. É importante, contudo, que tenhamos consciência de que alguns dos problemas entre irmãos não se dissipam; eles persistem e se tornam fonte significativa de estresse e preocupação para as crianças.

Como podemos definir quais brigas são sérias? As crianças que eu entrevistei não deram muitas pistas; disseram simplesmente que ficavam muito tristes com o que os irmãos faziam com elas."

Peguei meu caderno de anotações e procurei a lista que eu tinha feito. "Eis alguns exemplos do que as crianças, em suas próprias palavras, tinham a dizer."

"Minha irmã mais velha grita comigo o tempo todo, como se fosse minha mãe."

"Meu irmão nunca ajuda em nada, eu é que tenho de fazer todo o trabalho. Ele diz que é a minha função porque eu sou menina."

"Meu irmão diz que eu canto muito mal e não me deixa cantar em casa."

"Minha irmã fica me irritando até que eu perca a paciência e bata nela, e sempre acaba sobrando para mim."

"Meu irmão é malvado com os meus bichinhos. Ele pega meus hamsters pelo rabo e os joga no chão."

"Quando meus pais saem, meu irmão começa a mandar em mim, e, caso eu não faça o que manda, ele me bate."

"Quando perguntei a essas crianças se elas alguma vez tinham tentado contar esses problemas aos pais, só obtive três respostas: 'Eles não vão levar a sério'; 'Eles dizem que estou fazendo drama' ou 'Eles dizem que devo resolver isso com o meu irmão'."

Baixei meu caderno e vi rostos muito preocupados.

Seguiu-se uma longa discussão. Foram levantadas algumas questões complexas: como poderíamos superar a nossa resistência inicial a levar os filhos a sério? O que deveríamos fazer para começar a ouvi-los e convencê-los a ouvir o irmão?

Eis o procedimento que enfim estabelecemos de comum acordo (usamos como exemplo o caso da menina que contou que o irmão mandava nela e lhe batia quando os pais não estavam em casa).

AJUDANDO AS CRIANÇAS A RESOLVEREM UM CONFLITO SÉRIO

1. *Convoque uma reunião com as partes envolvidas e explique o propósito do encontro.*

"Há uma situação nesta família que está causando infelicidade. Precisamos ver o que pode ser feito para que todos possam se sentir melhor."

2. Explique as regras gerais para todos.

"Estamos fazendo uma reunião porque algo está chateando a Janete. Primeiro nós a ouviremos, sem interrupções. Quando ela tiver terminado, você, Bruno, falará como vê a situação, e ninguém vai interrompê-lo."

3. Anote os sentimentos e preocupações de cada criança. Em seguida, leia a lista para ambos, para ter certeza de que os itens estão corretos.

"A Janete fica assustada quando nós saímos de casa, pois, segundo ela, o Bruno costuma maltratá-la. Da última vez, ele desligou a televisão, arrancou-a do sofá e machucou o braço dela.

O Bruno diz que só desligou o aparelho porque ela já havia assistido à TV por tempo demais e não estava dando atenção a ele. Acha que puxou o braço dela devagar e não poderia tê-la machucado."

4. Conceda a cada criança tempo para a réplica.

JANETE: Tenho uma mancha roxa no braço que prova que você me machucou. E faltavam só cinco minutos para o meu programa acabar.

BRUNO: Essa mancha é *velha*. E o programa tinha acabado de começar.

5. Peça que todos ofereçam diversas soluções. Anote todas as ideias, sem avaliá-las. Deixe que as crianças falem primeiro.

BRUNO: A Janete deveria me dar atenção porque eu sou mais velho.

JANETE: O Bruno não pode mandar em mim nem me machucar.

PAI: Podemos contratar uma babá.

BRUNO: Deixem que eu saia de casa.

JANETE: Deixem que eu traga uma amiga para dormir aqui.

BRUNO: Antes de vocês saírem, deixem o horário para ver TV e a hora de dormir determinados.

JANETE: As pessoas deveriam mandar apenas em si mesmas.

6. Entrem em acordo quanto às soluções que vocês apreciam e aceitam.

Nada de babá.

Nada de machucar os outros.

Nada de mandar nos outros.

O horário para ver TV será combinado com os pais, antes que eles saiam.

Cada pessoa é responsável por si.

7. Acompanhamento.

"Nós nos encontraremos no domingo que vem para avaliar o andamento do plano."

Durante toda a discussão, um pai permaneceu com o olhar irritado e resmungando sozinho. Quando terminamos nossa tarefa, dei-lhe a vez para que falasse.

"Na minha opinião, todo esse sistema é permissivo demais. Se meu filho tivesse feito isso com a minha filha, ele não escaparia tão fácil. Eu lhe teria dito, com veemência: 'Se eu ouvir mais uma vez que você encostou um dedo na sua irmã, você vai ter de se ver comigo, rapaz!'" Então cerrou os punhos. "E isso não será nada engraçado!"

Algumas pessoas concordaram com ele: "Apoiado!"; "Ele tem de aprender a lição!"; "É preciso ser firme!"

Na sequência veio a reação contrária.

"Isso poderia fazê-lo sentir-se melhor, mas sua filha correria um risco maior de ser atacada pelo seu filho. Pois com certeza ele acabaria encontrando uma forma de se vingar."

"E não é só isso. Agindo assim, o que você teria ensinado? Ele aprenderia a depender do pai para adquirir disciplina em vez de desenvolver a autodisciplina."

"E por que você acredita na sua filha e não no seu filho? Talvez *ela* esteja mentindo!"

O pai abriu a boca para responder, mas pensou melhor e ficou quieto.

Outro pai comentou: "Não vejo por que cada briga dos filhos tenha de se transformar em uma longa sessão de resolução de problemas. Na minha opinião, há momentos em que o pai deve se envolver e assumir o controle, mesmo que isso signifique tomar partido".

"Por exemplo?", eu perguntei.

"Nas ocasiões em que o filho não está sendo nada razoável."

"Como assim?"

"Bem, como no domingo passado. Nós todos estávamos nos preparando para um passeio de bicicleta quando ouvi, de passagem, meu filho pedindo à irmã que lhe emprestasse sua mochila velha. Ela se recusou terminantemente. Disse que ele a "estragaria". Estragar? Que piada! A mochila já podia ter ido para o lixo. Fiquei tão bravo que gritei: 'Dê a mochila para o seu irmão *agora!*'"

"Ela deu?"

"Claro. Eu afirmei que se não a entregasse ela teria de ficar em casa."

"Como ela reagiu a isso?"

"Ficou emburrada por um bom tempo. Mas e daí? Ela aprendeu que em uma família é preciso compartilhar."

"Isso não teria me ensinado a compartilhar!", falou uma mãe, indignada. "Eu ficaria furiosa se meu pai fizesse isso comigo. As coisas não são só coisas. Elas são parte de nós, estão ligadas a certas lembranças. Eu tenho uma blusa velha e gasta no armário que não uso há anos. Mas não a emprestaria para ninguém – principalmente para a minha irmã. Se eu fosse você, teria ficado do lado da sua filha."

"Então temos dois pontos de vista opostos:

1. Ficar do lado da criança que é dona da mochila.
2. Ficar do lado da criança que precisa da mochila."

Comecei a distribuir o material preparado para aquela sessão. "A primeira página dos quadrinhos", eu disse, "mostra duas irmãs brigando – não por causa de uma mochila, mas por uma blusa. A página seguinte mostra o que ocorre quando a mãe toma a decisão final – primeiro a favor da proprietária da blusa, depois a favor da outra filha. Finalmente, na última página, vocês verão o que acontece quando a mãe apoia um dos lados, baseando-se em uma regra ou valor, mas deixa a decisão por conta das filhas."

Dei ao grupo alguns minutos para que analisasse o material e então me dirigi ao pai que obrigou a filha dar a mochila: "O que você achou?"

Ele hesitou: "Bem, de certo modo a mãe acabou tomando partido ao dizer para a filha mais velha que ela não precisava emprestar a blusa. É praticamente o mesmo que dizer 'Não empreste'. Não vejo o que há de tão maravilhoso nisso".

Duas mãos se levantaram.

"Ela não estava dizendo 'Não empreste'. Ela estava esclarecendo que o direito à propriedade deve ser respeitado, pois é um princípio que protege ambas as filhas."

"E, ao proteger os direitos da mais velha, a mãe tornou possível que ela considerasse emprestar sua blusa à irmã."

O pai balançou a cabeça, insatisfeito: "Ainda não vejo o que há de mau em ensinar os filhos a compartilhar. Mas, obviamente, não estou conseguindo me expressar direito".

"Você está conseguindo se expressar", eu disse. "E sinto que você está insistindo em um assunto muito significativo: as crianças devem ser encorajadas a compartilhar, e por razões bastante práticas. Para viver neste mundo, elas precisam saber compartilhar – bens, espaços e a si mesmas. E também por razões espirituais, já que queremos que nossos filhos vivenciem o prazer e a satisfação que provêm do ato de dar algo voluntariamente. Forçar os filhos a compartilhar, no entanto, só faz que se apeguem mais ao que possuem. Compartilhar de modo forçado diminui a boa vontade.

A LUTA PELA PROPRIEDADE

O QUE ACONTECE QUANDO O PAI TOMA A DECISÃO FINAL

A FAVOR DO PROPRIETÁRIO

A FAVOR DO OUTRO

O QUE ACONTECE QUANDO O PAI APOIA UM DOS LADOS MAS DEIXA A DECISÃO FINAL PARA OS FILHOS

Voltemos ao propósito desta sessão e do nosso curso. Estávamos procurando maneiras de aumentar os sentimentos positivos entre nossos filhos. Buscando formas de minimizar as brigas. Quando os pais assumem o comando – 'Nesta casa sou *eu* quem decide quem tem de compartilhar ou não, o que é razoável ou não, quem tem razão e quem não tem' –, os filhos acabam ficando mais dependentes deles e mais hostis com os irmãos.

O que alivia a tensão, tornando possível a harmonia, é a postura que nos leva a perguntar: 'Quem precisa do quê?; Quem sente o quê?; Quais das soluções propostas levam em consideração os sentimentos e necessidades de todos?' Desse modo, não há tanto interesse nos aspectos técnicos, mas sim no bem-estar do outro.

Ainda não temos todas as respostas. Só o que temos é uma direção. Basicamente, devemos tentar não interferir, mas, quando isso é necessário, precisamos sempre ter em mente a ideia de que queremos que nossos filhos voltem a lidar um com o outro quanto antes. Essa é a melhor forma que temos de prepará-los para a vida."

Olhei para o relógio no fundo da sala. Só tínhamos mais alguns minutos.

"Bem, pessoal, parece que não temos muito tempo para as histórias."

"Que histórias?", uma mãe perguntou. "Ah, as histórias que deixamos para o final. Tudo bem, ficarão para a semana que vem. Eu tenho uma dúvida, é algo que há muito tempo quero perguntar."

Outras mãos se levantaram.

"Eu também! O que devemos fazer quando..."

"Fiquei imaginando se..."

Aquele grupo era incansável! O assunto parecia não ter fim. A única coisa que parecia estar acabando era a minha energia.

"Por favor, quem tiver perguntas escreva-as enquanto arrumo meu material. Eu as levarei para casa, trarei as respostas por escrito e distribuirei cópias para todos na semana que vem. E não se esqueçam de pegar as folhas com os 'Lembretes'."

Lembrete:

Quando os filhos não conseguem resolver um problema sozinhos

1. Convoque uma reunião com os oponentes. Explique seu objetivo e as regras básicas.
2. Anote os sentimentos e preocupações de cada filho e leia os itens da lista em voz alta.
3. Conceda tempo a cada um para a réplica.
4. Sugira que todos elaborem soluções. Anote todas as ideias, sem avaliá-las.
5. Determine, junto com eles, quais soluções são boas para todos.
6. Proponha a todos o acompanhamento das mudanças.

Lembrete:

Como ajudar a criança que pede auxílio sem tomar partido

ROBERTO: Pai, eu não consigo terminar o mapa que tenho de fazer para a escola. Fale para a Ana que ela precisa me dar os lápis de cor!
ANA: Não. Eu tenho de pintar a minha flor.

1. Reproduza o sentimento de cada filho.

"Vamos ver se eu entendi. Roberto, você precisa dos lápis de cor para terminar sua lição de casa. E Ana, você quer terminar de pintar a sua flor."

2. Estabeleça o valor ou a regra.

"Lições de casa têm prioridade."

3. Mencione a possibilidade de negociação.

"Mas Roberto, você pode tentar combinar algo com a sua irmã. Você é quem sabe."

4. Saia do recinto.

AS PERGUNTAS

Faltava um dia para a nossa última sessão. Ocorreu-me que eu precisava começar a responder às questões que as pessoas tinham deixado sobre a minha mesa. Após uma leitura superficial já pude perceber que o assunto era mesmo inesgotável. Nesse caso, quanto mais se sabe, mais se quer saber. Eis o que as pessoas perguntaram e o que eu respondi.

Além de não forçar os filhos a compartilharem, de que outros jeitos podemos encorajar essa atitude?

1. Deixando as crianças no comando do compartilhamento. ("Crianças, eu comprei uma garrafa de suco para todo mundo. Qual é a melhor maneira de compartilhá-la?")
2. Mostrando as vantagens do compartilhamento. ("Se você der para ela metade do seu giz de cera vermelho, e se ela der para você metade do giz de cera azul, vocês duas terão a cor roxa.")
3. Concedendo tempo para o processo interior. ("Quando a Lúcia estiver pronta para compartilhar, vai avisar você.")
4. Demonstrando satisfação quando o compartilhamento acontecer espontaneamente. ("Obrigada por me dar um pedaço do seu biscoito. Estava delicioso.")
5. Dando o exemplo. ("Agora eu quero dar para você um pedaço do meu biscoito.")

O que devemos fazer quando percebemos que o irmão mais velho está deliberadamente se aproveitando do menor? Meu filho e minha filha estavam brincando com figurinhas de futebol e notei que ela guardava as melhores para si, deixando as mais amassadas para ele. Eu deveria dizer algo para ela?

Enquanto todos as partes estiverem satisfeitas, é aconselhável conter-se e não interferir. Tenha em mente que seu filho não vai ser "tolinho" para sempre. Logo ele será tão grande, esperto e seguro quanto a irmã mais velha. Ele aprenderá a se defender e conseguir o que quer. Afinal, ele tem uma professora excelente.

Na minha casa, muitas brigas começam quando um dos meninos "delata" o outro para colocá-lo em apuros. Há alguma maneira de desencorajar isso?

Sim: não ficando brava com o irmão delatado, para que o delator não seja recompensado. Evite dizer coisas como: "O quê! Seu irmão fez isso? Peça que venha aqui agora!"

Desencorajamos a fofoca ao mostrarmos que esperamos que cada criança seja responsável apenas pelo próprio comportamento: "Prefiro que você não me fale sobre o que o seu irmão está ou não fazendo. Acho melhor que você me conte coisas sobre si mesmo".

Depois de algum tempo, as crianças perceberão que "dedar" não vale a pena.

Exceção: se uma das crianças estiver fazendo algo perigoso, é vital que os pais sejam informados. Um pai que conheço disse para seus filhos: "Crianças, eu não gosto de dedos-duros. Espero que vocês lidem com os problemas entre si. Mas se alguém vir outra pessoa fazendo algo que pode ser perigoso, então deve contar para a mamãe ou para mim o mais rápido possível. Todos devem cuidar da segurança dos membros desta família".

Ontem, meus filhos me seguiram de cômodo em cômodo gritando: "É a minha vez!" "Não, é a minha vez!" Eles parecem insistir em brigar na minha frente. Alguma sugestão?

Você pode ser igualmente insistente quanto a proteger-se. Você pode falar para eles: "Já entendi que, para vocês, decidir de quem é a vez de usar o balanço é muito importante, mas preciso de silêncio agora. Vocês podem pensar em alguma solução no seu quarto ou lá fora. Aqui não!"

As crianças têm o direito de discutir, mas você tem o direito de proteger seus ouvidos e seu sistema nervoso.

Você acha recomendável que os pais sugiram às crianças que resolvam uma discussão "no cara-ou-coroa"?

O problema dessa sugestão, quando é dada pelos pais, é a mensagem subliminar que abriga: "Seus sentimentos e pensamentos não importam. Deixe a sorte resolver seu destino".

Outro problema é que o resultado determinará um vencedor e um perdedor, sendo que este último provavelmente ficará muito mal-humorado.

A única vez em que o cara-ou-coroa deu certo para mim foi após todas as opções de solução já terem sido exploradas. Como ainda havia um impasse, eu perguntei: "O que vocês acham de tirar a sorte? Vocês vão aceitar o resultado?"

No último domingo, meus filhos começaram uma discussão para decidir se a gente deveria ir para o parque ou para a praia. Eu deveria ter sugerido uma votação?

Votar pode gerar sentimentos negativos, especialmente quando nos isenta de ouvir o ponto de vista de cada um: "Muito bem, não vamos perder tempo discutindo. Vamos votar. Parque ou praia? Quatro votos para a praia, um para o parque. A praia ganhou. Vamos para lá". Não é de admirar que a criança que perdeu se sinta traída por essa forma de "democracia".

Quanto à minha experiência familiar, nas vezes em que não pudemos chegar a um consenso por meio da discussão e isso levou todo mundo optar pela votação (já que ou votávamos ou passaríamos o dia inteiro em casa discutindo), eu expus a todos (depois que os gritos de vitória diminuíram) o que eu achava que o perdedor estava sentindo: "Nós vamos para a praia porque foi a decisão da maioria. Mas quero que todos saibam que uma pessoa ficou desapontada. O André queria muito ir para o parque hoje". Isso em geral interrompe os festejos e consola o perdedor.

Fico chateada quando tento planejar um dia legal e as minhas três filhas não param de implicar umas com as outras. O que posso fazer?

Algumas crianças, em certas fases da vida, reagem melhor a menos união entre os irmãos. Podem preferir passeios diferentes, ter amigos e interesses distintos, fazer atividades diferentes e contar com horários específicos para que fiquem a sós com os pais. Se tiverem a oportunidade de passar algum tempo longe das irmãs, elas até podem começar a se dar melhor.

Fico extremamente irritada quando as crianças finalmente fazem algo positivo e então começam a brigar porque uma acha que trabalhou mais ou melhor que a outra. Minha filha diria: "Eu lavei todos os pratos". E meu filho responderia: "Grande coisa. Eu tive de lavar todas as panelas e tirar o lixo". Como você lida com isso?

Quando a disputa das crianças envolve o reconhecimento de quem ajudou mais, o ideal é que os pais aproveitem esta ótima oportunidade para validar a cooperação entre elas: "Puxa, a cozinha ficou ótima! Vocês dois deram um jeito de arrumar as coisas muito bem. Vocês formam uma ótima equipe!"

O que devemos fazer se, após usarmos as habilidades que aprendemos, uma das crianças continuar infernizando as outras?

Se o relacionamento de uma criança com os irmãos parece ser dominado pelo ódio, pelo ciúme excessivo e pela competição constante; se ela nunca compartilha nada; se sempre abusa física ou verbalmente dos irmãos, então é aconselhável buscar ajuda profissional para ela. Os pais podem optar pela terapia individual para a criança ou pela terapia familiar.

AS HISTÓRIAS

A caminho de nossa última sessão, sentia-me agitada. O curso estava terminando, mas eu tinha muitas dúvidas. Teria dado conta de todos os assuntos? Teria alertado o grupo sobre como é perigoso transformar um dos filhos em "confidente", discutindo com ele os problemas de um irmão? Teria mencionado que quando estamos passando um tempo com um dos filhos, é melhor evitar conversar sobre o(s) outro(s)? Teria me lembrado de dizer que, infelizmente, alguns irmãos nunca se darão muito bem, mesmo que os pais sejam muito habilidosos? Queria que o grupo tivesse em mente que o uso dos instrumentos mostrados no curso pelo menos não piora as coisas ainda mais... Se eu tivesse mais tempo...

O humor do grupo contrastava com o meu. As pessoas conversavam alegremente; parecia o último dia de aula antes das férias. Não haveria mais instruções, apenas as histórias. Era a minha chance de ouvir as narrativas daqueles pais, que contariam como lidaram com a rivalidade entre os irmãos. A atmosfera leve do grupo era contagiante. Eu comecei a relaxar.

Sentei-me e começamos. As histórias pareciam se encaixar de um modo natural. Assim que alguém mencionava ter colocado alguma habilidade em prática, os outros rapidamente complementavam a narrativa citando experiências similares. Por exemplo: os dois primeiros relatos envolviam pais que decidiram conscientemente, pela primeira vez na vida, *não* se intrometer na briga dos filhos. Nos dois casos, por coincidência, a disputa era por uma cadeira.

> Eu estava de bom humor e decidi fazer um agrado para as crianças. Deixei que elas jantassem na sala de estar, vendo TV.
>
> Elas ficaram animadas e correram para a sala de estar para esperar pelos sanduíches. A próxima coisa que ouvi foram gritos. Elas estavam brigando porque queriam se sentar na mesma cadeira. Depois de um tempo, o João desistiu, porque a Laura, sendo mais velha e maior, havia tomado conta da cadeira.

O João entrou na cozinha gritando e chorando. Ele queria que eu fosse até lá e exigisse que ela cedesse a cadeira para ele. Fiquei tentada a fazer o que ele pediu, porque a Laura sempre consegue o que quer, mas, em vez disso, falei: "João, estou vendo como você está bravo. Acho que você devia contar para a Laura como está se sentindo".

Ele voltou à sala de estar e confrontou-a. Foi como jogá-lo aos leões. Ela falou coisas tão violentas que eu corri e disse: "Aqui não é permitido xingar!"

Então ela se voltou para mim: "Ele é um moleque chato e mimado! Sempre fica com essa cadeira. Eu nunca tenho chance!"

Disse a ela: "Entendo como você e o seu irmão se sentem". Então desliguei a TV e anunciei: "Agora você e o João precisam encontrar uma solução". E creio que ela também compreendeu a minha outra mensagem: *Nada de TV até que uma solução seja encontrada.*

Fui até a cozinha e o João, chorando, veio atrás de mim. Eu estava queimando por dentro. Era tudo culpa da Laura. Eu podia ter dado uma surra nela. Mas decidi dar-lhe mais uma chance; sem muita fé, falei (suficientemente alto para que ela pudesse ouvir): "Estou certa de que vocês podem encontrar uma solução se realmente tentarem".

Nessa altura (quase não acreditei), a Laura apareceu e disse: "João, eu tenho uma ideia". O João ficou bem animado e correu para a sala de estar com ela. Depois disso, vi os dois pegando os sanduíches na cozinha, felizes, como se fossem os melhores amigos.

Eu não sei o que eles decidiram, mas não importa. Já fiquei muito contente por ter me segurado e não ter tomado partido!

★ ★ ★

Eu estou frequentando as reuniões, mas é meu marido quem está fazendo as mudanças, após ter lido as minhas anotações. Ontem, na hora do café da manhã, o Luís e o Raul começaram a discutir porque os dois queriam sentar na cadeira perto da janela. Como a briga prosseguiu, meu marido gritou: "Ninguém mais vai sentar nessa cadeira, só eu!"

Ele então afastou os dois meninos da cadeira e sentou-se nela. Em seguida, o Luís berrou: "Eu odeio você, papai". O café estava se transformando rapidamente em um desastre.

De repente, meu marido começou a ver as coisas de outra forma. Ele disse: "Puxa, Luís, estou vendo que você está muito chateado. É realmente muito importante para você sentar aqui hoje?"

Ele respondeu com toda a força: "*É!*" E sua raiva foi embora. Então meu marido disse: "Aposto que você e o Raul podem chegar a uma solução que seja justa para os dois".

Para nossa surpresa, eles começaram a elaborar um plano segundo o qual o Luís sentaria na cadeira no café da manhã e o Raul no jantar. Sem que nos déssemos conta, a atmosfera já havia mudado e nós pudemos desfrutar da nossa refeição.

Nem todos os filhos são capazes de pensar em soluções. Mas isso não parece ter muita importância. O simples ato de buscar uma alternativa que seja mutuamente aceita em geral ameniza a tensão entre os irmãos.

Minha esposa estava no trabalho e eu de cama, com uma gripe forte, tentando descansar um pouco. Durante algum tempo, os meninos (de 4 e de 6 anos) brincaram harmoniosamente. De repente, uma grande briga começou e os dois vieram me contar, cada um a sua versão.

Eu me sentia muito mal, quase não conseguia dar atenção a eles, então sugeri que desenhassem o problema na lousa do quarto deles e, quando terminassem, que também fizessem um desenho do que eles achavam que seria uma boa solução.

Eles acataram a ideia. Pegaram uma régua e dividiram a lousa na metade. Então, cada um começou a desenhar no seu lado.

Quando terminaram, eles trouxeram o meu roupão, tiraram-me da cama e me levaram para o quarto para me explicar seus desenhos. Estava muito claro que eles não estavam mais bravos. Em algum ponto, eles devem ter feito as pazes.

* * *

Infelizmente, minhas três filhas adolescentes têm de compartilhar o mesmo quarto. O auge da confusão acontece quando alguma amiga vem dormir em casa. Ontem aconteceu a gritaria habitual sobre quem deveria dormir fora do quarto, e elas vieram correndo pela escada para reclamar comigo, cada uma esperando que eu ficasse do seu lado.

Mas dessa vez eu não faria papel de bobo. Disse-lhes que esperava que *elas* encontrassem uma solução que fosse justa para todas.

Elas subiram de novo e desceram depois de dois minutos. Disseram que haviam tentado, mas que não conseguiram, e que *eu tinha* de resolver a situação.

Eu usei as minhas armas.

EU: O quê? Vocês só tentaram por dois minutos! Só dois minutos para resolver um problema tão complicado – três garotas que compartilham um quarto, sendo que todas querem privacidade quando recebem uma amiga? Vocês precisarão de mais do que dois minutos para resolver isso.

ELAS: Ah, pai, diga logo o que devemos fazer.

EU: Pensem um pouco mais.

ELAS: Demora muito!

EU: Muito? Vocês sabem quanto tempo os deputados e senadores demoram para escrever uma constituição? Às vezes demora anos! Para resolver o seu problema vocês vão precisar de bastante tempo. Devem pensar bastante. Mas não tenho dúvida de que conseguirão resolvê-lo. Mais cedo ou mais tarde.

Elas não podiam argumentar contra a história. Voltaram para o quarto e eu pude ouvi-las conversando seriamente durante os quinze minutos seguintes.

Bem, sinto dizer que elas nunca chegaram a nenhum acordo específico. *Mas*, nas duas semanas seguintes, eu notei uma grande diferença nas suas atitudes entre si. Agora, quando uma delas está com alguma amiga, as outras saem do quarto ou perguntam se podem ficar. Pode não parecer muito, mas, para as minhas três filhas, é um belo progresso.

As próximas duas histórias são sobre crianças que conseguiram encontrar soluções. Para surpresa de todos, essas crianças, bem pequenas, foram capazes de pensar em respostas criativas para problemas que desnorteariam muita gente grande.

Na semana passada, eu estava no carro, dirigindo, com a minha filha (de 6 anos), sua amiga e meu filho (de 3 anos). As duas meninas tinham duas conchas cada uma, e meu filho não tinha nenhuma. Ele começou a chorar porque nenhuma delas queria emprestar uma concha.

Minha filha explicou que, se ela desse para o Mário uma de suas conchas, ela ficaria com menos do que a amiga. Eu lhes disse que, se pensassem um pouco, seriam capazes de achar uma solução que fosse justa para todos. (Apesar de ter dito isso, não acreditava que daria certo.)

Um minuto depois, minha filha disse: "Mamãe, eu achei uma solução! A Joana (a amiga) poderia dar para o Mário uma de suas conchas. Aí eu dou para você uma das minhas. Dessa maneira, todos ficarão com uma!"

★ ★ ★

Quando minha cunhada veio, junto com os filhos, me visitar, eu estava ansiosa para demonstrar minhas novas habilidades. (Ela acha que cursos sobre a educação dos filhos são apenas para pais inseguros.) E logo a oportunidade surgiu: meu sobrinho José, de 5 anos, veio correndo se queixar de que a minha filha Lílian, de 6 anos, não deixava que ele fosse o Homem-Aranha. Eu disse: "Puxa, José, é um problema sério. Vocês dois querem ser o Homem-Aranha. Huuuum... Bem, tenho certeza de que você e a Lílian podem encontrar uma solução que seja aceitável para os dois".

Minha cunhada murmurou bem baixinho que o José desistiria e deixaria que a Lílian fosse o Homem-Aranha, "como ele sempre faz".

Em menos de cinco minutos, as duas crianças vieram correndo animadamente. Tinham encontrado uma solução! *Os dois* seriam o Homem-Aranha! E a irmã mais nova da Lílian, de 1 ano e 7 meses, e a irmã do José, de 3 anos, poderiam ser quem elas quisessem.

Minha cunhada ficou muito impressionada. Ela não acreditava que crianças tão pequenas fossem capazes de elaborar soluções por conta própria, sem que os pais lhes dissessem o que fazer.

O relato a seguir foi feito por uma mãe de adolescentes. Como você poderá notar, o tom adotado reflete a máxima "antes tarde do que nunca".

Gostaria de ter aprendido todas essas técnicas há dez anos. É bem mais fácil corrigir os problemas quando as crianças ainda são pequenas do que correr atrás do prejuízo quando já estão na adolescência. Mas imagino que ainda me restaram alguns anos para tentar civilizá-los.

A hora do jantar é um terror. Meus filhos não fazem mais nada a não ser provocar um ao outro enquanto tento comer. Já lhes disse mil vezes como isso é desagradável, e que deveriam se comportar, mas nunca adiantou.

Bem, depois da discussão da semana passada, decidi mudar minha tática. Eu não deixaria nada me afetar. No momento em que ouvi a primeira ofensa, eu os detive. Disse coisas como: "Ei, sem xingar!"; "Que coisa horrível!"; "Vocês podem escolher: conversa agradável ou *nada de conversa!*"

Também lhes disse que, no dia seguinte, eles deveriam sugerir um tema interessante para discutir durante o jantar. Deixei claro que eu esperava que cada um deles contribuísse para o bom humor de nossa família.

Vocês não imaginam como eu estava determinada. Na noite seguinte, fui jantar com meu velho apito pendurado no pescoço (eu fui professora de educação física). Eles começaram bem. Realmente conversaram como pessoas normais. Mas, depois de cinco minutos de discussão, ouvi o primeiro comentário desagradável e apitei. Por um instante eles não entenderam o que aquilo significava, mas, quando perceberam, riram. E durante o resto da refeição comportaram-se decentemente.

Até aqui, a maioria dos relatos tratou de brigas que são resolvidas rapidamente, em geral após uma leve intervenção por parte dos pais. Mas há brigas de outro tipo, como aquelas que fazem que os pais gritem: "Espere só até você ter filhos. Aí sim você vai saber o que é aborrecimento". Os dois próximos relatos revelam pais envolvidos em uma mediação mais longa, entre irmãos furiosos:

Quarta-feira à tarde.

O Henrique e o Décio chegaram da escola. Eu os cumprimentei e perguntei como foi o dia.

O Henrique disse que se esqueceu de levar o lanche e que seus amigos só tinham lhe dado algumas batatinhas. Eu falei que sentia muito e lhe dei o lanche que ele tinha esquecido em casa. Em seguida, os dois foram brincar.

Voltaram poucos minutos depois, um empurrando o outro; o Décio estava aos prantos.

Eu: O que aconteceu?

HENRIQUE (com raiva): O Décio bateu na minha cabeça!

DÉCIO (chorando): *Foi sem querer.* Henrique, não foi de propósito!

HENRIQUE: Foi sim! Eu sei que você me bateu de propósito! (E começou a empurrar o irmão de novo.)

Eu (separando-os): Independentemente do que aconteceu, bater não é permitido. Vamos nos sentar para que vocês contem o que houve.

HENRIQUE: Não quero falar disso.

O Henrique se sentou e começou a olhar um livro que o Décio pegara na biblioteca da escola. Então o Décio tirou o livro dele, e o Henrique o tomou de volta.

HENRIQUE: Só estou olhando.

DÉCIO: É meu!

HENRIQUE: Não é não! Você pegou na biblioteca, então não é seu.

Ambos seguraram o livro, e cada um o puxava em sua direção.

Eu: Agora temos outro problema. Dois meninos para um livro. Como vocês vão resolver isso?

Décio: Não quero que leia o livro porque ele me bateu.

Henrique: Só bati porque você me bateu primeiro. Eu queria me vingar!

Décio: Foi sem querer! E nem bati em você tão forte.

Henrique: Ah, é? Você me bateu assim. (E tentou bater na cabeça do Décio.)

O Décio se esquivou, pegou um pedaço de papelão e bateu de leve no Henrique: "Não, foi assim, de leve".

O Henrique agarrou o papelão e bateu no Décio para valer.

Eu (separando-os): Isto está parecendo ser uma briga de verdade.

Henrique: Adivinhou!

Eu: Henrique, estou vendo que você está com raiva. Não é bom que você fique perto do Décio por enquanto. Quero que você suba.

Henrique: Não quero subir! Quero me vingar!

Eu: Bater não é permitido! Você pode subir até se acalmar ou falar comigo sobre o que o está aborrecendo.

O Henrique subiu alguns degraus com relutância e desceu de novo.

Henrique: Mãe, ele me bateu tão forte que me deu dor de cabeça.

Eu: Então você está com dor de cabeça?

Henrique: E não é a minha primeira dor de cabeça de hoje!

Eu: Você teve dor de cabeça na escola?

Henrique: Tive. Na aula de música. A professora ficou o tempo todo gritando comigo.

Eu (imaginando a cena): Vamos recapitular, Henrique. Você teve um dia difícil: primeiro chegou à escola e percebeu que havia se esquecido de levar o lanche; depois, a professora de música começou a gritar com você...

Henrique (que acenava a cabeça, concordando): E aí, no recreio, o Luís e o Giba me atacaram, e o Roberto teria se juntado a eles se o inspetor de alunos não os tivesse impedido...

Ele continuou a me contar tudo que o aborreceu na escola. Depois do seu relato detalhado, reconheci que ele tivera mesmo um dia difícil. Isso resolveu a situação. Ele e o irmão brincaram tranquilamente a tarde toda.

★ ★ ★

Meu filho e meu enteado têm quase a mesma idade, mas eles têm tido muita dificuldade para se adaptar à nova vida, especialmente porque precisam compartilhar um quarto, sendo que antes cada um tinha o seu próprio quarto. Um dos principais motivos de discussão é a música: os dois sempre querem ouvir música ao mesmo tempo, só que eles gostam de estilos bem diferentes. Ontem, eles deixaram os dois aparelhos de som do quarto ligados, no máximo volume. Um sintonizado numa emissora de jazz e o outro numa de rock.

EU (à porta): ESTÁ MUITO ALTO! MUITO ALTO! (Os dois abaixaram o volume.)

No dia seguinte, começou tudo de novo – cada aparelho numa emissora de rádio. Atirei no quarto um aviãozinho de papel no qual escrevi: DESLIGUEM ISSO!
De repente, o ambiente ficou mais silencioso.
Mas logo comecei a ouvir aquele barulho outra vez.

EU: UM TIPO DE MÚSICA DE CADA VEZ!

Era uma boa regra, mas não impediu que a briga recomeçasse. Cada um queria escutar a sua música, e um acusava o outro de ter mau gosto.
A hora de dormir havia chegado. Outra briga. O Leandro queria dormir ouvindo jazz. O Sandro queria ouvir rock. Já que não era possível ouvir ambos ao mesmo tempo, ficaram sem nenhuma música. O Leandro veio me dizer que as coisas eram muito melhores antes de o Sandro vir morar conosco. Um pouco mais tarde, meu marido me contou que o Sandro tinha a mesma queixa quanto ao Leandro.
No dia seguinte, o barulho continuou. Entrei no quarto e, calmamente, desliguei os dois aparelhos de som, coloquei-os no meu armário e fechei

a porta do meu quarto. Quando comecei a escutar as batidas na minha porta e os gritos de "Não é justo!", avisei-os: "Assim que vocês dois elaborarem um plano que atenda às necessidades de todas as pessoas da família, eu os devolverei para vocês".

Seguiram-se três dias de paz. Consegui voltar a raciocinar. Parte do problema era a questão do espaço. Mas como arranjaríamos mais espaço? Havia um pequeno cômodo no porão, mas entrar lá era quase impossível. Estava cheio de móveis e caixas com coisas das duas famílias (a minha e a do meu marido). A outra parte do problema – provavelmente a mais séria – era o ressentimento crescente entre os meninos. De algum jeito, precisávamos lidar com aquilo.

Reli as anotações que fiz durante os encontros, conversei com meu marido e nós dois decidimos fazer a nossa primeira reunião familiar. Os meninos ficaram ressabiados, mas se dispuseram a participar.

Explicamos as regras básicas e pedimos a cada um que citasse algumas coisas que o incomodassem. Demoraram um pouco para começar, mas quando começaram não pararam mais.

"Detesto ter de compartilhar o quarto. Eu tinha um só para mim."

"Eu me sinto como um estranho invadindo a privacidade alheia."

"Eu não tenho privacidade. Às vezes sinto pena de mim mesmo."

"Nós somos muito diferentes. Ele é todo certinho e eu não sou!"

"Eu não consigo me acostumar com o 'racionamento de comida'. Há regras demais para comer. Antes eu podia comer tudo que queria."

"Não gosto de compartilhar o meu pai. Por que nós sempre temos de fazer tudo juntos?"

Apareceram mais coisas do que esperávamos. Não tinha ideia de como continuar e pedi ajuda ao meu marido – cujo olhar acabou revelando que ele também não sabia o que fazer. Então ele disse: "A mamãe e eu levamos as suas reclamações a sério e queremos pensar mais sobre o que vocês disseram. Vamos continuar a conversa amanhã de manhã". Em seguida, precisei sair para resolver algumas coisas e meu marido tratou de pagar algumas contas.

Quando voltei, algumas horas depois, ouvi ruídos no porão e desci para verificar o que estava acontecendo. O Leandro me viu e gritou: "Mãe, você chegou bem na hora! Olhe o que fizemos!"

O Sandro também gritou: "Venha também, pai!"

Não dava para acreditar.

O porão estava impecável. Todas as caixas estavam empilhadas junto à parede, muito bem ordenadas. O quartinho agora contava com um tapete, uma cadeira no meio, um abajur em um canto, uma guitarra no outro, além de uma mesinha perto da parede, com um aparelho de som.

Meu marido ficou de queixo caído. Eu fiquei tão espantada que só consegui dizer: "Nossa! Vocês fizeram isso? Puxa vida!"

SANDRO: Esta é a minha sala de música.

LEANDRO: O Sandro vai ficar aqui porque gosta de tocar guitarra sentado, enquanto ouve rock. Eu fiquei com o quarto porque gosto de ouvir jazz deitado na cama.

O Leandro voltou para o seu quarto e ligou o som. Enquanto isso, o Sandro pegou a guitarra e ligou o rádio, e nós voltamos para a sala e rimos como dois bobos. Nós dois sabemos que a paz não deve durar muito, mas, por enquanto, está tudo ótimo!

Essa história encerrou o nosso último encontro. Pela expressão das pessoas, pude perceber que ficariam com saudade. Eu também. Tínhamos compartilhado muitos momentos afetuosos e memoráveis.

"Vou sentir falta dos nossos encontros", alguém disse.

"O curso *precisa* terminar? Sei que continuará sendo útil até que meus filhos cresçam e saiam de casa."

"Não poderíamos nos encontrar daqui a um mês, só para relembrar algumas coisas?"

Olhei para o grupo interrogativamente. Alguns concordaram, entusiasmados. Outros não sabiam se seria possível, pois tinham planos para as férias e compromissos já agendados.

Eu não tinha pensado na possibilidade de marcarmos outro encontro. No entanto, a ideia de realizarmos uma sessão de acompanhamento um mês depois, mesmo com a ausência de alguns membros do grupo, parecia-me tentadora.

Pegamos nossas agendas e marcamos a data.

7. FAZENDO AS PAZES COM O PASSADO

Eu já sabia que o grupo ficaria desfalcado. Quando o ritmo dos encontros regulares foi quebrado, diversos tipos de compromisso apareceram, sobrepondo-se às melhores intenções. Na realidade, eu já estava tão acostumada com o alto astral e a energia de um grupo grande que levei algum tempo até me conscientizar do fato de que naquela noite só haveria seis participantes.

"Tudo bem", pensei comigo. "Um grupo pequeno também pode funcionar bem. Teremos um ambiente mais íntimo e ficaremos mais à vontade." Porém, algo estava acontecendo. Havia naquela sala uma tensão subjacente. Pedi às pessoas que aproximassem suas cadeiras, diminuindo o círculo.

"Então, como vão as coisas?"

Seguiu-se um longo e desconfortável silêncio.

Finalmente, alguém falou: "Eu tive uma longa conversa com a minha irmã Dora há algumas semanas, mas talvez eu não deva tomar o tempo do grupo com isso".

"Esta reunião é para vocês", eu disse. "Não preparei nenhum roteiro para hoje."

"Mas a gente deveria falar do relacionamento entre os nossos filhos, não dos nossos próprios relacionamentos."

"Esta sessão deve envolver qualquer assunto relacionado a irmãos que possa ocorrer a vocês."

Ela hesitou. "Na verdade, talvez seja relevante, porque eu nunca teria falado com ela se não tivesse participado dos nossos encontros."

De repente, surgiu um grande interesse. Várias pessoas encorajaram-na a falar.

"Bem, não sei se alguém se lembra de quando falei sobre a minha irmã..."

"Eu me lembro muito bem", uma mulher afirmou. "Estávamos conversando sobre a comparação entre os filhos e você nos contou que sua mãe sempre considerou a Dora como um modelo a ser seguido, e que isso foi terrível para você."

A face da irmã da Dora corou. "É isso mesmo; depois daquele encontro, comecei a me sentir triste de novo... triste com a minha mãe, por me fazer acreditar que a Dora era muito melhor que eu, e com a Dora, por agir de acordo com o papel que a minha mãe atribuíra a ela, como se fosse superior a mim.

Bem, algumas semanas atrás, enquanto falávamos sobre o aprisionamento das crianças em papéis e como isso poderia ser destrutivo mesmo para a criança que é colocada num papel positivo, dei-me conta de que talvez a Dora também tivesse sofrido. Pensei nisso a noite toda e, quando acordei, sabia que precisava falar com ela."

Ela fez uma pausa, olhou para todos e perguntou: "Vocês têm certeza de que querem escutar toda a história? Há muitas coisas para contar".

Novamente, o grupo pediu que ela fosse em frente.

"Senti um pouco de ansiedade ao telefonar para a Dora, porque só entramos em contato nos feriados ou nas férias, portanto eu não sabia qual seria a reação dela. Acho que estava com medo de, no fim, sentir-me 'a errada' de novo, mas não foi o que aconteceu. A Dora pareceu muito contente com a minha ligação. Falamos sobre marido e filhos por um tempo, até que eu mencionei o grupo e quanto estava aprendendo nesses encontros. Ela pareceu interessada, então contei que houve uma sessão sobre 'papéis' e perguntei se ela achava que a mamãe tinha nos designado determinados papéis.

No começo, ela achou que não, porém, depois de falar um pouco mais de sua infância, ela finalmente admitiu que se sentia pressionada por sempre ser considerada exemplar.

Então ela me disse algo surpreendente: algumas vezes ela chegou a pensar que a mamãe estava tentando nos separar, e ela temia que, se nos aproximássemos, a mamãe se decepcionasse com ela. Porque ela era a filha especial, enquanto eu era aquela que a mamãe estava sempre criticando."

Levamos alguns minutos para digerir o que ela tinha acabado de falar. "Ouvir isso deve tê-la chocado", alguém murmurou.

"De certo modo, sim. Por outro lado, eu acho que sempre soube isso. O mais estranho é que não me senti chateada, mas senti pena da Dora. Disse a ela que deveria ter sido horrível, um peso muito grande para uma criança. Então, de repente, ela começou a chorar.

Foi a primeira vez que tive contato com o lado vulnerável da minha irmã. Eu queria muito consolá-la, mas ela estava a muitos quilômetros de distância. Então disse: 'Dora, estou abraçando você pelo telefone. Estou usando o telefone para me aproximar de você e abraçá-la'.

Então ela me disse que sentia muito pela dor que tinha causado, e também falou sobre quanto significava para ela o fato de eu ter telefonado. Observou que, se eu não tivesse feito aquilo, talvez fôssemos enterradas sem nunca nos ter realmente conhecido. Aí eu é que comecei a chorar."

Muitos de nós tivemos de pegar lenços de papel.

"Vocês sabem o que a Dora e eu resolvemos fazer? Vamos nos encontrar num hotel no meio do caminho entre as nossas casas e passar um fim de semana juntas – somente nós duas –, sem marido e sem filhos. Temos muitos assuntos para colocar em dia."

"Estou feliz por você", um pai falou. "Mas essa história também me deixou triste."

"Por quê?", perguntou a irmã da Dora.

"Bem, é triste pensar que os pais podem separar os próprios filhos desse jeito. Sei como era difícil para todos da minha família ver meu pai tentando afastar o Tomás, meu irmão mais velho, de nós."

"Por que ele fez isso?", ela perguntou.

"Bem, é uma longa história... mas o principal é que o Tomás sempre foi rebelde, e meu pai teve uma formação rígida, seguindo a tradição greco-ortodoxa. Os dois sempre brigaram muito. A ruptura definitiva aconteceu quando o Tomás tinha 17 anos. Ele pegou dinheiro da loja do meu pai e fugiu. Meu pai nunca o perdoou. Nunca permitiu que o Tomás voltasse para casa. Minha mãe implorou, eu implorei, mas ele não voltou atrás."

"E você nunca mais viu o Tomás?"

"Só uma vez. Oito anos atrás, quando meu pai morreu, o Tomás compareceu ao enterro com a esposa, mas não mantivemos quase nenhum contato. Sempre fui a favor de convidá-lo para as festas de fim de ano, ou outras reuniões familiares, mas o Jorge, meu irmão mais novo, nunca concordou. Ele se recusa a ter qualquer tipo de relação com ele."

"Que estranho", ela comentou. "É como se ele tivesse assumido o papel do seu pai."

"Pois é. Essa atitude do Jorge acaba me colocando numa posição muito difícil. Sinto-me dividido. Meu filho mais novo vai ser batizado no mês que vem e eu quero convidar o Tomás. Eu sei que o que ele fez foi errado, mas as coisas poderiam ter sido administradas de uma forma diferente. Ele não deveria ter sido expulso da família. Agora meus filhos têm um tio e uma tia que eles não conhecem e primos que nunca veem. E eu tenho um sobrinho e uma sobrinha que nunca pude conhecer."

"O que você vai fazer?", perguntou a irmã da Dora, delicadamente.

Após uma longa pausa, ele respondeu: "Eu vou falar com o Jorge de novo. Ter um irmão é uma dádiva; *devemos* nos unir a ele e demonstrar-lhe nosso amor. É o mínimo que podemos fazer. Quero todos os meus irmãos junto comigo no batismo do meu filho. Quero que sejamos uma família completa novamente".

"Espero que o seu desejo se realize", suspirou outra mulher. "Deve ser maravilhoso contar com a possibilidade de ter uma família completa de novo."

Eu fiquei pensando naquele comentário. Então me lembrei de que aquela era a mulher que mencionara, no primeiro encontro, que tinha uma irmã emocionalmente perturbada.

"Não vejo sentido em tentar me reconectar com a minha irmã", ela continuou. "Da última vez em que tentei falar com ela, acusou-me de contar coisas sobre ela aos seus amigos.

Na verdade, a pessoa com quem eu realmente gostaria de falar é a minha mãe. Este curso abriu meus olhos para muitas coisas. Depois da nossa última sessão, eu disse a mim mesma: 'Nem que seja a última coisa que eu faça, preciso contar para a minha mãe como tenho me sentido durante todos esses anos'."

"Você acha que vai mesmo fazer isso algum dia?", alguém perguntou.

"Eu já fiz", ela respondeu.

"E sua mãe a levou a sério?"

"Bem, não foi fácil para ela."

"O que você lhe disse?"

Ela hesitou e me encarou com uma expressão de desconforto.

"Talvez você não queira falar sobre isso", eu disse.

"Ai, eu não sei...", ela respondeu. "Acho que não me importo." Ela fechou os olhos por alguns segundos, tentando reconstruir a cena. "Basicamente, o que eu falei para a minha mãe foi que o fato de as emoções da Aline sempre governarem a casa havia me magoado muito. Eu disse: 'Você estava tão obcecada pela Aline e pelos problemas dela que nunca me enxergou. Você nunca soube quem eu era e não se preocupou em saber. Por isso eu nunca me senti amada de verdade'."

A grupo ficou em silêncio. Enfim, alguém perguntou: "O que ela respondeu?"

"Ela disse que eu estava sendo ridícula, principalmente porque era uma criança perfeita, que todo mundo amava.

Eu insisti: 'Está vendo, é justamente disso que eu estou falando. Você está fazendo de novo, está me transformando em algo que nem ao menos é real'.

Minha mãe me ignorou e começou de novo a mesma ladainha, falando sobre como foi duro para ela ter de lidar com uma filha perturbada, sobre todo o tempo que passou correndo atrás de médicos, sobre o comportamento maluco da minha irmã, sobre nunca ter tido um momento de paz. Ela repetiu todas as histórias de sempre, citando todas as vezes em que a Aline fez isso e todas as ocasiões em que a Aline fez aquilo...

Eu já havia escutado aquilo muitas vezes. Não podia deixar que ela continuasse. Disse: 'Mãe, vou pedir a você que faça uma coisa muito difícil. *Escute-me, apenas escute*, sem tentar justificar nada. Quero que você entenda como foi a minha vida durante todos esses anos'.

Ela me encarou e disse: 'Está bem, está bem; pode falar'.

Bem, simplesmente tudo começou a jorrar de dentro de mim. Eu a lembrei de todas as vezes em que ela tentou me transformar numa espécie de modelo de virtude.

'Graças a Deus, *você* é confiável.'

'Pelo menos, *você* tem a cabeça no lugar.'

'Fico feliz por ter tido ao menos uma filha que é responsável.'

Contei a ela que detestava quando, sempre que tentava me rebelar, como quando matei aula na quinta série, ou quando me recusei a tocar piano para as visitas, tinha de ouvir: 'Você não é assim, meu bem'. A quantidade de exemplos que dei não era suficiente para expressar como eu me sentia invisível. Não me admira que durante muito tempo tenha sentido que não sabia quem eu era.

Então, perguntei a ela se imaginava como era importante para mim que ela dissesse, pelo menos uma vez na vida: 'Você não tem de ser boa o tempo todo. Você não tem de ser perfeita. Você não tem de ser a alegria da mamãe. Você pode ser desagradável, mal-educada, desleixada, malvada, inconsequente, irresponsável – tudo bem. É normal ser assim de vez em quando. E eu continuarei amando você do mesmo jeito'.

As lágrimas rolavam no rosto da minha mãe enquanto eu falava, mas não parei. Não podia parar. Finalmente, quando acabei, ela sussurrou: 'Eu não tinha a menor ideia... O que posso dizer? Eu não sei o que falar'.

Respondi: 'Nada. Não há nada a dizer. Eu só queria que você soubesse'.

Então, algo se dissolveu dentro de mim. Eu disse: 'Não pense que eu não reconheço o seu sofrimento pela situação da Aline durante todos esses anos. Não pense que eu não sei como tem sido duro para você'. Depois disso, nós nos abraçamos e eu senti como se uma parede entre nós houvesse ruído."

Eu fiquei maravilhada. Notei como a compreensão nos leva rapidamente ao perdão. Deve ter sido um enorme alívio poder finalmente expor todos aqueles sentimentos amargos. E que grande presente sua mãe lhe deu ao simplesmente ouvi-la.

"Eu nunca poderia falar algo assim para a minha mãe", outra mulher falou, balançando a cabeça. "Ela nunca conseguiria lidar com os meus sentimentos – mal consegue lidar com os dela... Não sei por que me dei ao trabalho, mas, recentemente, tentei falar com ela sobre algumas coisas que me magoaram quando era criança, como o fato de nunca poder ficar brava com meu irmão ou de ter de me prostrar diante dele, porque ele era o 'rei do pedaço'.

Vocês sabem o que ela disse? 'Você é que só percebe os problemas e quer que tudo seja perfeito.'

Então respondi: 'Por que uma pessoa que está ferida não pode dizer que está ferida? Quando batemos o pé na beirada da cama e ferimos o dedo, dizemos que está doendo, não é?'

Ela disse: 'Eu não; eu saio, dou uma volta e percebo que foi só uma bobagem. Então esqueço toda a história'. E é assim que minha mãe lida com qualquer coisa. Como eu poderia esperar que ela me entendesse?

Ela é tão cabeça-dura que às vezes eu sinto vontade de chacoalhá-la. Está sempre repetindo que gostaria muito que seus filhos fossem próximos. Só que passou boa parte da vida tentando nos separar... E uma coisa muito estranha aconteceu. Meu irmão, que nunca me liga, acabou de ter o seu primeiro filho e, de repente, começou a me ligar para pedir conselhos. Temos conversado como pessoas normais. Talvez haja esperança para nós, apesar de tudo. Mas tenho certeza de que, se algum dia chegarmos a ser amigos, isso acontecerá apesar da minha mãe, e não por causa dela. Eu sei que ela tem boas intenções, mas definitivamente não pode ser considerada uma pessoa muito sensível."

"Eu não sei", comentou outro pai. Ele era o único que não tinha falado até então. "Minha mãe e meu pai eram pessoas muito sensíveis, mas posso assegurar que mesmo pais sensíveis podem permitir que coisas insensíveis continuem acontecendo."

Todos os olhares se voltaram para ele.

"Acho que uma vez mencionei", continuou ele, "que tenho um irmão gêmeo que costumava me bater e que meus pais nunca moveram um dedo para impedi-lo."

"Que horror!", alguém falou. "Por que não?"

"Não tenho ideia. Acho que eles pensavam que meninos eram assim mesmo, que a brutalidade e os tombos faziam parte do pacote. Talvez pensassem que, pelo fato de sermos gêmeos, tínhamos uma afinidade natural e um nunca machucaria o outro de verdade.

Eu não sei o que de fato eles achavam. Só sei que, com 5 anos de idade, sua única proteção são seus pais, e se você não puder contar com eles viverá constantemente com medo. Por fim, você conclui que, de alguma forma, precisa passar por isso."

"Você deve ter sido um garoto bem forte, já que conseguiu sobreviver a isso", eu observei.

"Eu era forte. Mas o Eduardo era muito mais forte. E muito maior. Ele nasceu cinco minutos antes, com praticamente o dobro do meu peso."

"Então, desde o comecinho você esteve em desvantagem."

"É verdade. Mas nos primeiros anos eu não ligava para o fato de que ele era tão maior. Eu brigava com ele mesmo assim. Um exemplo típico: enquanto eu estava vendo TV, ele chegava e mudava de canal porque queria ver outra coisa. Bem, eu não poderia deixar que ele fizesse aquilo comigo, e trocava novamente de canal. Então ele pulava em cima de mim, segurava-me e me batia até que eu reconhecesse que ele poderia me machucar de verdade. Demorou um pouco, mas a situação chegou a tal ponto que, quando ele vinha e mudava o canal, eu simplesmente ia embora."

"Eu ainda não entendo como seus pais puderam deixar que isso continuasse!", uma mãe exclamou.

"Bem, na verdade, minha mãe tentou me proteger algumas vezes. Ela gritava com o Eduardo e me levava de volta para a sala com ela. Mas na maioria das vezes ela achava que poderíamos resolver a situação sozinhos. Certo dia ela comprou para nós um boneco do tipo "joão-bobo" – aquele que se inclina e volta quando batemos nele. Eu lembro que ela falou para o Eduardo: 'Quando você quiser bater no seu irmão, bata no boneco em vez de bater nele'.

Eu nunca vou me esquecer dele porque, depois que o ganhamos, a nossa rotina mudou: ele me batia, aí batia no boneco, e de novo em mim. Obviamente, não funcionou."

"E quando vocês se tornaram adolescentes?", alguém perguntou.

"O Eduardo virou um superatleta – jogava basquete, futebol, futebol americano. Ele brigava para matar, aniquilar, destruir. Quanto mais a vítima apanhava, mais feliz ele ficava. Eu, ao contrário, evitei os esportes. Na verdade, não me arrisquei muito nessa época. Tentei obter sucesso socialmente. Nunca fiz nada fora do meu círculo protetor de amigos."

"Alguma coisa mudou entre vocês depois que ficaram mais velhos?"

"Na realidade, não. Os ataques simplesmente mudaram de físicos para verbais. As discussões durante o jantar eram a marca registrada da nossa família. O Eduardo era 'o bom' – sabia tudo sobre livros, esportes, política. Quando eu tentava fazer algum comentário, ele me desprezava: 'Isso é ridículo'. Meu pai e minha mãe ficavam sempre tão impressionados com os conhecimentos dele que nunca perceberam. Então, mais tarde, limitei-me a escutar a discussão deles e fazer alguma observação humorística. Acabei desenvolvendo uma língua bem afiada; o sarcasmo tornou-se a minha arma contra o Eduardo. E eu a usei diversas vezes, já que conhecia todos os seus pontos fracos."

"E ninguém pode dizer nada", um pai afirmou. "Você tinha de achar um jeito de se vingar desse idiota."

Ele arqueou as sobrancelhas e inclinou-se para trás – sua expressão mudou totalmente. "Houve uma época em que eu concordaria com você. Porém, uma coisa maluca aconteceu: no mês passado, quando as nossas sessões acabaram, fiquei com uma vontade muito grande de entrar em contato com o Eduardo, depois de tê-lo evitado por vários anos. Então eu liguei para ele e nos encontramos para o almoço – que acabou durando três horas."

A curiosidade de todos aumentou: "Sobre o que vocês conversaram?"; "Você o confrontou?"; "Você contou a ele como ele atrapalhou a sua vida?"

"Na verdade, ele queria me contar como eu atrapalhei a vida dele."

O queixo de todos caiu.

"De acordo com o Eduardo, eu era o filho favorito, e ele nunca conseguiu me perdoar por isso. Ele falou que nossa mãe e eu tínhamos uma afinidade natural e que a química entre eles praticamente não existia. Ele sentia que a mamãe estava sempre brava com ele e preocupada em me proteger, e que nunca recebeu a compreensão que merecia.

Ele também me disse que percebia como, desde que éramos bem pequenos, as pessoas se sentiam atraídas por mim. Ele falou: 'Você era tão pequenininho, com traços perfeitos – como o menor gatinho da ninhada –, e eu era um menino grandalhão e desajeitado. Todo mundo passava reto por mim porque preferia ver você'.

Então ele me contou como se sentia isolado, tímido e desajeitado já no jardim de infância, pois eu era popular e levava para casa um monte de amigos, enquanto ele não tinha ninguém.

Eu mencionei o fato de era ele quem recebia todos os elogios em casa, por ser ao mesmo tempo 'o intelectual' e 'o atleta'. Ele respondeu: 'Os elogios não significavam nada. Você recebia o amor'.

Aproveitei o momento para lhe perguntar, de forma direta: 'Era por isso que você me batia?'

Ele respondeu: 'Com certeza. Eu ficava bravo e frustrado, e você era meu bode expiatório'.

Então eu lhe perguntei se ele achava que, caso a nossa mãe não ficasse tão brava com ele por me bater, teria ficado menos bravo comigo.

Ele disse: 'Provavelmente'. E me perguntou: 'Você ficaria com ciúme se eu e a mamãe nos déssemos bem?'

'Talvez. Mas com certeza teria valido a pena, porque assim você não teria sido tão duro comigo.'

De repente, percebemos como nós dois tínhamos sofrido, como tínhamos magoado um ao outro, e como o resultado da nossa conduta – ele me atacando e eu contra-atacando à minha maneira – fora destrutivo para os dois.

Quando já era hora de ir embora, fomos tomados por uma sensação de completude, como se tivéssemos encontrado uma parte de nós mesmos que estava faltando. E sabíamos que nós dois éramos pessoas boas. Não havia um vilão na nossa história. Simplesmente dois caras legais, tentando lidar com as frustrações provocadas por sermos irmãos. E dois pais legais, que tentaram fazer o melhor que podiam."

Nosso tempo tinha terminado. Estávamos todos exaustos. A sessão havia deixado todos emocionalmente esgotados. Ninguém tinha mais nada para falar. Os abraços de adeus foram fortes e silenciosos.

Pela primeira vez eu fiquei contente por ter de enfrentar um longo caminho para chegar em casa, e também fiquei grata pelo silêncio de que podia dispor no carro. Havia muita coisa em que pensar.

Estava admirada com o que tinha acabado de ouvir, com o poder que a dinâmica entre irmãos tem de causar dor entre eles, desde a mais tenra infância; admirada com a atração quase magnética entre irmãos, que os leva a se reconectar, a restabelecer sua "irmandade"; admirada com o impulso que faz que os irmãos, mesmo magoados, se reaproximem e tentem curar uns aos outros.

Senti-me novamente convicta das habilidades que eu estava ensinando. Cada incidente doloroso que foi trazido à tona naquela sessão poderia ter sido diminuído ou evitado se os adultos responsáveis tivessem tido acesso a mais instrumentos.

"E se houvesse um mundo", pensei, "onde os irmãos crescessem em lares em que ferir não fosse permitido; onde as crianças aprendessem a expressar sua raiva de uma maneira sadia e segura; onde cada filho fosse valorizado como um indivíduo, e não em relação aos outros; onde a cooperação e a ausência de competição fossem a norma; onde ninguém fosse aprisionado em um papel; onde as crianças tivessem diariamente ajuda para resolver suas diferenças, adquirindo cada vez mais experiência nessa área?

E se essas crianças crescessem e se tornassem responsáveis por moldar o amanhã? Que belo amanhã poderia ser! As crianças educadas nessas casas saberiam como atacar os problemas do mundo sem atacar o nosso precioso mundo. Elas teriam as habilidades e a disposição necessárias para fazer isso. Elas salvariam a família global."

Tinha começado a chover. Liguei o limpador de para-brisa e o rádio, para ouvir as notícias. Impressionante! Era como ouvir as histórias do nosso grupo, só que numa escala maior: disputas sobre território, disputas sobre crenças; os que não têm com inveja dos que têm; os "grandões" pressionando os pequenos; os pequenos levando suas queixas para a ONU e para a Corte Mundial; longas e complicadas histórias de amargor e desconfiança se desenrolando entre insultos e bombas.

No entanto, nada daquilo me atingiu. Eu estava transbordando de otimismo. Se depois de histórias tão longas de competição e injustiça o anseio de se reconciliar ainda fluía com tanto vigor entre os irmãos, então por que não vislumbrar outro tipo de mundo? Um mundo onde irmãos de todas as nações, determinados a resolver as questões que os separam, aproximem-se e descubram por conta própria o amor e a força que um irmão pode dar ao outro.

Desliguei o rádio. A chuva já estava diminuindo.

De repente, tudo parecia possível.

8. POSFÁCIO À NOVA EDIÇÃO

Caro leitor,

Quando Irmãos sem rivalidade *atingiu o topo da lista dos best-sellers do New York Times menos de um mês após sua publicação, recebemos repentinamente o título de "especialistas em irmãos". Todos queriam falar conosco. O tema sobre o qual tínhamos escrito parecia ser tão significativo para as pessoas que elas se sentiam impelidas a nos contar como fora sua convivência com os irmãos. Irmãos e irmãs, jovens e velhos, ligavam-nos durante as entrevistas no rádio, desafiavam-nos em programas de televisão, chamavam-nos, em palestras, para uma conversa em particular, expunham-se completamente durante os workshops e escreviam-nos cartas longas e tocantes. Até os jornalistas de revistas e jornais entremeavam suas entrevistas com casos pessoais envolvendo suas angústias com os irmãos.*

Nós ouvimos e aprendemos. Claro que há mais coisas a aprender e mais coisas a dizer. Então, quando nosso editor sugeriu o acréscimo de material novo por conta do décimo aniversário da publicação do livro, aceitamos imediatamente a sugestão. Era uma oportunidade de ouro.

Nossa intenção é oferecer uma ajuda maior aos pais de crianças pequenas. Uma ajuda maior aos pais que trabalham fora, cujos filhos mais velhos têm de passar muitas horas juntos, sem supervisão. Uma ajuda maior a todos os pais que estiverem procurando novas maneiras de incentivar os bons sentimentos e o comportamento respeitoso entre irmãos.

Esperamos que esta edição de aniversário de Irmãos sem rivalidade *traga mais harmonia à sua família.*

Adele Faber e Elaine Mazlish

OS PRIMEIROS COMENTÁRIOS

Em nossas viagens para a divulgação de *Irmãos sem rivalidade*, mais especificamente durante as entrevistas ao vivo nas rádios, mais uma vez vivenciamos o impacto provocado pela percepção de como os irmãos marcam a vida um do outro. O anonimato proporcionado pelo rádio, que permite que os ouvintes falem sem ser vistos, fez que as pessoas se sentissem à vontade para revelar seus sentimentos mais íntimos. Eis uma amostra do que ouvimos:

"Decidi não ter um segundo filho porque sabia quanto minha irmã mais velha tinha sofrido por minha causa. As pessoas, da família ou não, sempre comentavam que eu era bonita e talentosa, mas a ignoravam. Eu nunca permitiria que um filho meu sofresse como minha irmã sofreu – e ainda sofre."

"Eu nunca poderia ser amigo do meu irmão. Talvez pela forma como nós fomos criados. Meu pai era treinador de futebol e, desde sempre, transformava tudo em competição. Era preciso ganhar do outro. Meu irmão aceitou essa ideia totalmente. Até hoje, quando eu ligo, ele nunca diz: 'Oi, João, tudo bem com você?' A primeira coisa que sai de sua boca é: 'Comprei um carro novo hoje', ou algo assim. Ele ainda precisa provar que é melhor do que eu."

"Tenho duas irmãs, e todas temos idades próximas. Lembro-me de que perguntava à minha mãe, repetidamente: 'De quem você gosta mais?' Ela sempre respondia: 'Gosto de todas vocês do mesmo jeito. Vocês são os meus três ursos, como na história da Cachinhos Dourados'. Bem, confesso que essa resposta me magoava. Magoava-me bastante. Aos olhos de minha mãe, eu não era especial. Não é fácil ter de enfrentar o mundo achando que você é apenas um dos três ursos."

"Meu pai queria que cada filho se sentisse especial, então me dizia: 'Você é inteligente', e aí dizia ao meu irmão, que não era bom aluno: 'Mas você lida bem com as pessoas'. Eu considerava as palavras dele como verdade absoluta. Por isso, ou eu me retraía em situações sociais, ou as evitava completamente. Só recentemente – e tenho mais de 30 anos – começou a me ocorrer que talvez meu pai estivesse errado. Afinal, várias pessoas parecem gostar de mim.

De todo modo, depois de ler seu livro, comecei a pensar em como o meu irmão devia se sentir e como as palavras do meu pai devem tê-lo afetado também, e se foi por isso que ele abandonou a escola e sempre parecia estar chateado comigo. Então eu fiquei muito aborrecido.

Por que meu pai achava que tinha de avaliar nossas capacidades como se fossem mutuamente exclusivas? Por que ele nunca disse que havia lugar para mais de uma pessoa inteligente na família? Por que ele não poderia se orgulhar por ter dois filhos inteligentes e dois filhos sociáveis? Isso teria significado muito para nós."

"Meus pais fizeram o oposto de tudo que vocês recomendaram no seu livro. Recentemente, eu disse a minha irmã (de 41 anos e que ainda tem raiva de mim por eu ser 'a filha boa'): 'Por favor, não vamos deixar que as bobagens que a mamãe e o papai fizeram conosco quando éramos pequenas acabem com o nosso relacionamento. Eu amo você. Acho que você é uma pessoa linda. De verdade. E eu preciso de você e quero você na minha vida'."

Até crianças nos telefonaram para dizer como seu relacionamento com os irmãos era difícil.

Segundo uma menina: "Meu irmão sempre me provoca, mas depois eu é que sou castigada". Outra menina contou que sua irmã mais velha, que deveria tomar conta dela, a expulsava de casa e não a deixava entrar até que faltassem apenas alguns minutos para que seus pais voltassem.

Um menino de 10 anos nos disse: "Eu e meu irmão sempre brigamos. Nós brigamos tanto que se você nos trancasse num carro por uma noite, quando abrisse o carro de manhã nós dois estaríamos mortos. O livro de vocês é só para adultos ou as crianças também podem lê-lo?"

Quando voltamos das nossas viagens de divulgação, encontramos nossa caixa de correio lotada de cartas de pessoas que queriam compartilhar conosco sua reação ao novo livro. Eis alguns trechos dessas cartas e das que recebemos nos anos seguintes.

> Fiquei acordada até tarde lendo *Irmãos sem rivalidade*. Às seis e meia da manhã, já estava aplicando minhas habilidades recém-adquiridas para acordar minhas duas filhas e aprontá-las para a escola. Quanta diferença em um só dia! Ontem, a de 9 anos não tomou café porque não queria se sentar à mesa e olhar para a cara feia da irmã. Quase tive de carregá-la até a perua escolar. A minha filha de 3 anos, de acordo com sua rotina matinal, resmungou e gritou o tempo todo, enquanto ela e a irmã brigavam, provocavam-se e delatavam o que a outra fez.
>
> Naquela manhã, porém, quando a mais nova dedurou a irmã mais velha ("Mãe, a aula de dança é só à tarde, mas a Sabrina já está com as sapatilhas"), eu disse: "Bem, não estou interessada no que a Sabrina está fazendo agora. Mas eu adoraria conversar sobre você". Minha filha de 9 anos ficou pasma. Usei mais algumas habilidades recém-descobertas e, antes que eu me desse conta do que estava acontecendo, minhas duas filhas tomaram o café da manhã tranquilamente, revezaram-se calmamente para que eu as penteasse e até deram "tchau" uma para a outra.
>
> No entanto, ainda estou tentando entender o que ocorreu em seguida. A caminho da escolinha, a de 3 anos disse: "Mãe, não quero mais ser boazinha hoje. Posso ficar brava agora?"

Algumas pessoas nos escreviam antes que tivessem acabado de ler o livro. Esta carta foi escrita por uma mãe de três filhos que tinha acabado de ler o primeiro capítulo:

A semana passada foi a pior semana da minha vida. A Ana, minha filha mais velha, de 6 anos, disse ontem que odiava a irmã Laura (4 anos). Afirmou: "Eu a odeio, mas gosto da Melissa (a caçula). Ela não pega as minhas coisas".

Fiquei arrasada com a ideia de que minhas filhas se odiavam. Como lidaria com aquilo? Fiquei tão angustiada que fui até a estante, peguei um livro que ainda não tinha lido – *Irmãos sem rivalidade* – e comecei a lê-lo. Era sexta-feira, minha semana horrível já estava chegando ao fim. No sábado de manhã, eu tinha acabado de terminar o primeiro capítulo quando a Ana apareceu e disse, chorando: "A Laura quebrou o meu giz! Agora não dá para usá-lo!"

Eu: Ah!

Ana: Ela o quebrou em *três* pedaços! Ela sempre pega as minhas coisas. Ela quebra tudo.

Eu: Puxa, Ana, estou vendo que você ficou muito chateada e muito brava. (Parei por aí porque só tinha lido até essa parte e não sabia o que fazer em seguida.)

Ana: Tenho uma ideia! Você se lembra da lousa velha que está no armário de brinquedos? Por que não a damos para a Laura, além de um giz só para ela?

Eu (maravilhada): Gostei da sua ideia! Vamos fazer isso!

Obrigada Adele e Elaine. Agora estou mais confiante e mal posso esperar para ler o resto do livro.

Enquanto nos dávamos os parabéns pelo poder e pela clareza do trabalho que tínhamos criado, recebemos esta carta:

Prezadas senhoras,

Gostaria de saber se as senhoras poderiam me enviar quaisquer informações disponíveis sobre rivalidade entre irmãos. Recentemente, li o seu livro novo, *Irmãos sem rivalidade*. Tenho duas filhas, de 10 e 7 anos, que estão me deixando *louca*! Independentemente do que eu faça, elas sempre brigam como cão e gato. Um dia, fiquei tão frustrada que falei que elas deveriam sair e procurar comida na lata de lixo para a janta, pois brigam como cães e gatos de rua. Não consigo acreditar que eu disse isso! Por favor, ajudem-me.

Esse relato nos colocou no nosso devido lugar. Às vezes éramos dominadas pelo pensamento fantasioso de que poderíamos resolver todos os problemas de rivalidade entre irmãos. A carta a seguir nos reanimou:

Só quero que saibam como o seu livro é maravilhoso. Cresci em meio a uma família muito problemática. Sempre desprezei os livros que parecem possuir *todas* as respostas; não achava possível aplicá-las à minha vida. No entanto, seu livro me foi incrivelmente útil. Muito obrigada por darem a devida importância ao tema da rivalidade entre irmãos.

Alguns pais nos escreveram para contar como este livro os tinha inspirado a elaborarem suas próprias estratégias. Um pai escreveu:

Com os meus três meninos é sempre assim: um grita "Eu quero ser o primeiro!" e os outros dois choram. Isso se repete o tempo todo: quem é o primeiro a entrar no carro, a ganhar um biscoito, a receber o beijo de boa-noite.

Recentemente pensei numa resposta que tem funcionado muito bem. Eu falei: "Você é o *primeiro* a ser o segundo!" Funcionou! O segundo disse com orgulho: "Ah! Sou o segundo *primeiro*!" Mas o que realmente quero que eles saibam é que, para mim, todos estão em primeiro lugar.

Uma mãe de duas meninas, de 6 e 8 anos, escreveu:

As habilidades de seu livro funcionaram direitinho – *exceto* quando as minhas duas filhas querem a mesma coisa ao mesmo tempo. Nesse caso, as duas agarram qualquer que seja o objeto com força e, independentemente do que eu faça ou diga, não o largam. Elas ficam tão envolvidas com a tarefa de segurar o objeto que nem me escutam.

Porém, eis a minha grande descoberta: o único jeito de resolver o impasse é tirar delas o objeto. O segredo é não fazer isso como um castigo, dizendo algo como "Bem feito! Agora nenhuma vai ficar com ele", mas, em vez disso, indicar-lhes a tarefa que precisa ser realizada. Eu costumo dizer: "Eu vou colocar isso na prateleira só para não estragar, enquanto vocês pensam num plano para compartilhá-lo sem brigas. Assim que terminarem, avisem-me e eu o devolverei".

Na primeira vez em que fiz isso, as duas tentaram, de início, uma negociação diretamente comigo – eis o que uma delas disse: "Tá bom, mãe, eu pego primeiro e depois de cinco minutos a Cláudia pega". Eu respondi: "Você precisa conversar com a Cláudia sobre isso". Precisei continuar dizendo a mesma coisa para as duas. Mas agora parece que elas captaram a ideia, e, na verdade, até estão conseguindo negociar entre si.

Obs.: Ainda não sei como darei o próximo passo, ou seja: como fazer que elas se responsabilizem por encontrar soluções desde o começo, sem que precisem de mim. Estou pensando em sugerir que, caso a situação surja de novo, *elas* escolham um lugar neutro da casa onde possam colocar o objeto em disputa até que decidam o que fazer com ele.

Pretendo mantê-las informadas sobre os próximos acontecimentos.

Pelo fato de *Irmãos sem rivalidade* ter sido traduzido para mais de uma dúzia de idiomas, também recebemos muitas cartas do exterior. Esta veio da França:

Assim como muitas pessoas, eu pensava que poderia evitar a rivalidade entre irmãos, mas desde o primeiro dia de minha gravidez o Claude não aceitou o bebê. Ele ficava me perguntando por que eu queria mais um bebê, e eu respondia: "Eu e o papai amamos tanto você que quisemos outro bebê" (Ele deve ter adorado!). Até que, um dia, eu disse a verdade a ele: "Eu não tinha nenhuma intenção de ter este bebê, e às vezes penso que o ideal seria que eu não o tivesse". Ele nunca mais me fez perguntas sobre isso.

A Marie nasceu quando o Claude tinha acabado de fazer 3 anos. Durante toda a minha gravidez, ele dizia coisas como: "Jogue a nenê no lixo". Ou sugeria que eu a jogasse diretamente no caminhão do lixo, onde ela ficaria "toda amassada". Outras vezes ele dizia: "Coloque-a na sarjeta, pois a chuva vai levá-la até a Austrália". Eu ouvia isso tudo e apenas acenava a cabeça. Os nossos amigos ficavam bem chocados com a situação, mas eu tinha esperança de que, se o ouvisse, o ciúme se dissiparia. Mas não se dissipou. Enquanto cresciam (ele tem 6 e ela 3 anos), a Marie se revelava cada vez mais charmosa, agradável e extrovertida. Ela é o exato oposto do Claude, que é muito tímido, introvertido e tem dificuldade para fazer amigos. As coisas foram piorando cada vez mais. O que mais me aborrecia era ver o Claude incomodar constantemente a irmã, sem nenhum motivo. Eu ficava muito irritada.

Dizia ao Claude que gostava dele tanto quanto da Marie, mas isso não parecia satisfazê-lo. Expliquei que o amor de mãe está sempre crescendo, mas cada vez mais ele contabiliza o que recebe, comparando-se à irmã – segundo ele, ela fica mais tempo comigo, recebe mais carinhos e passa mais tempo com o pai do que ele. Eu disse que nem tudo na vida é "justo", mas parece que não adiantou nada.

Ontem uma amiga me presenteou com *Irmãos sem rivalidade*. Terminei de lê-lo no fim da tarde, pois queria pôr em prática as minhas novas habilidades quanto antes. Os resultados foram maravilhosos! Desde então, eles só brigaram uma vez, hoje de manhã, o que é um milagre, e conseguiram encontrar uma solução adequada para ambos. Também anotei todas as queixas deles, assim como aquilo que apreciam no outro. Foi o maior sucesso! Depois que a Marie disse que ficava contente quando o Claude lia para ela, ele logo se sentou e leu seis livros para a irmã!

Alguns meses depois, recebemos uma carta da mesma mãe, continuando seu relato:

Minha casa se transformou totalmente! De vez em quando, ouço a Marie chorando e o irmão dizendo: "Não chore, Marie. Foi sem querer. Vamos pensar numa solução". O Claude simplesmente parou de falar que a Marie é mais mimada ou que tem mais roupas e brinquedos. Uma semana depois de fazermos a lista do que eles apreciavam ou não no outro, verificamos os itens de novo. O primeiro comentário da Marie foi: "Eu gosto do Claude. Ele é legal comigo". O efeito que isso teve no Claude foi incrível. Foi o reforço perfeito para que mantivesse o seu novo (e melhor) comportamento em relação a ela.

Eis outro exemplo: há mais ou menos um mês, a Marie disse que estava com medo de abrir o seu guarda-roupa porque "o Claude disse que tem um lobo lá dentro". Eu estava prestes a dizer que aquilo era uma grande bobagem que ele dissera só para assustá-la, quando pensei: "O que a Adele e a Elaine diriam?" Então falei: "Claude, você pode ir até o quarto, abrir o armário e tirar o lobo, por favor?"

E ele foi. Quando voltou, disse a Marie que tinha matado e comido o lobo. Isso pareceu tê-la acalmado. Mais tarde, o Claude me confessou que tinha falado aquilo para que ela parasse de trocar de roupa o tempo todo – trocar de roupa era uma de suas atividades favoritas –, algo que também me deixava louca.

Nem sei como lhes agradecer.

LIDANDO COM JOVENS RIVAIS: COMO COMEÇAR BEM

Uma das principais questões levantadas durante os workshops que realizamos depois da publicação do livro foi como lidar melhor com os problemas específicos que surgem entre os irmãos durante seus primeiros anos de vida. Eis algumas observações e sugestões de pais que participaram dos grupos, e que consideramos especialmente valiosas:

"Tenho a impressão de que as habilidades que vocês mencionam têm uma probabilidade maior de funcionar quando o relacionamento básico entre os filhos é positivo. Quando eles se vêem em essência como pestes, empecilhos ou rivais, não se sentem muito motivados a reagir às habilidades. Caso o pai diga: 'O abraço que você deu no bebê o fez chorar', o irmão maior pode secretamente se alegrar com isso. Portanto, acho que é importante que, desde o começo, façamos tudo que pudermos para estimular os bons sentimentos entre eles. Os filhos precisam vivenciar bons momentos juntos para que, quando os conflitos e brigas surgirem, tenham a recordação de um relacionamento positivo, um relacionamento a ser resgatado."

Essa afirmação obteve o apoio de muitos e levou à menção de vários exemplos de como atingir esse objetivo:

"Quando as crianças correm pela casa, eventualmente o maior derruba sem querer o menor, que, chorando, me diz: 'O Tomás me derrubou'. Então respondo: 'Que pena! Vocês com certeza não queriam que isso acontecesse. Os dois estavam se divertindo tanto!' Isso em geral ajuda os dois a se recuperar mais rápido e os faz lembrar de seu bom relacionamento."

"Às vezes, durante conversas com outras pessoas, faço questão de que meus filhos me ouçam quando falo sobre as coisas divertidas que eles fazem. Digo, por exemplo, ao meu marido, na frente das crianças: 'Você sabe o que o Daniel (de 4 anos) ensinou para o Samuel (de 2 anos) hoje? Ele ensinou ao irmão como pular do banquinho para o pufe. Então, o Daniel abre um sorriso. 'E o Samuel teve a ideia de se esconder embaixo do pufe e fingir que era uma tartaruga'. Nesse ponto, o Samuel também sorri."

* * *

"Muitas vezes, quando minha filha de 2 anos me pede ajuda, eu sugiro que ela peça à irmã. Digo: 'Peça à Melissa que a ajude. Ela é boa nisso'. E logo elas começam a trabalhar juntas."

"A primeira vez em que meu filho de 3 anos me viu brincando com a nenê e dizendo como ela era fofa, ele ficou arrasado. Então, imediatamente mudei a minha fala, contando como seu irmão era fofo. Em seguida, cantei uma musiquinha que falava sobre como ela tinha sorte por ter um irmão tão especial, que sabia calçar os sapatos sozinho, usar o banheiro, andar de triciclo e outras coisas que me ocorreram. O Davi ficou orgulhoso e feliz, e eu senti que fui esperta, pois descobri um modo de, ao mesmo tempo, dar a cada um o que precisava."

"Eu tento pensar em diversas atividades que meus filhos, o de 1 ano e 8 meses e o de 4 anos, possam fazer juntos. O Tiago faz bolhas de sabão para que a Patrícia as estoure. O Tiago marcha enquanto a Patrícia toca tambor. Um senta no carrinho e o outro o empurra. Um dirige o carrinho enquanto o outro é o guarda que determina quando ele pode andar e quando deve parar. Isso ajuda muito."

"Sempre que ouço gritos ou choro no quarto ao lado, meu primeiro impulso é correr até lá e acusar o maior de machucar o menor. Sei que isso pode prejudicar o relacionamento entre eles, no entanto, não consigo ignorar esses choros. Recentemente descobri uma boa solução. Gritei: 'Estou ouvindo choro. Vocês precisam de ajuda ou podem resolver sozinhos?' Na primeira vez em que falei isso, houve um silêncio prolongado. Então o maior disse: 'Nós podemos resolver!' E é isso que ele costuma dizer quando uso essa abordagem. Mas ele também se sente livre para me chamar e falar sobre o problema, e por mim tudo bem. Quero que meus dois filhos saibam que podem pedir ajuda quando necessário."

"Eu costumava promover pequenas competições entre minhas gêmeas de 4 anos sempre que queria que elas fizessem algo rápido. Eu dizia: 'Quem vai se vestir primeiro?' ou 'Quem vai ser a primeira a guardar os brinquedos?' A técnica funcionava, mas gerava um efeito colateral terrível. A vencedora se vangloriava: 'Ha, ha, eu ganhei! Você perdeu!', e a perdedora chorava e ficava com raiva da irmã.
Então, encontrei uma sugestão em *Irmãos sem rivalidade* que me intrigou – a de que dissesse: 'Vocês duas formam uma ótima equipe!' –, e mudei

de tática. Agora, a competição é diferente. As duas têm de vencer o relógio, sem que haja uma perdedora. Eu digo: 'Vocês têm cinco minutos,
marcados no cronômetro. Vocês duas conseguem colocar as meias e calçar os sapatos antes que a campainha toque?' Essa pequena mudança fez
uma grande diferença. Agora elas sorriem, se apressam e se ajudam;
ganhando ou não do relógio, sempre lhes digo: 'Que dupla, hein?' Elas
ficam radiantes quando ouvem isso. E eu também me sinto bem, porque imagino que, aprendendo a trabalhar em equipe agora, ainda tão
novas, elas saberão se unir quando forem mais velhas."

Direitos de propriedade

Um grande motivo de frustração para os pais de crianças pequenas é a luta diária pelos direitos de propriedade. Pais que são médicos,
advogados, empresários frequentemente têm dificuldade para lidar
com as complexidades legais das guerras pontuadas por gritos de "É
meu!" e "Não, é meu!" A resposta "Eu sei que é seu, mas que você
nem encosta nele há meses, então por que impedir o seu irmão de
brincar com ele?" pode parecer muito lógica aos ouvidos dos pais, mas
levará a berros estridentes do proprietário ofendido. Quando o julgamento é invertido – "Tá bom, dê para o seu irmão porque *é* dele" –,
resulta em berros do irmão que ficou sem o que queria. E consideran-
do-se a quantidade de brinquedos a serem reivindicados – bolas, jogos,
bonecas, carrinhos (Quem poderia lembrar o que o avô deu para cada
um em meio a uma briga, quando ambos estão gritando?) –, essas
questões tornam-se ainda mais complicadas. Eis algumas das ideias e
experiências dos pais que frequentaram os nossos workshops:

"Não quero viver num ambiente em que as pessoas briguem por qualquer coisa. Acho que é importante estabelecer uma regra geral sobre a
propriedade. Expliquei aos meus filhos (de 3 anos e de 4 anos e meio)
que a maioria das coisas em nossa casa deve ser compartilhada. Por
exemplo: 'O papai acabou de comprar uma caixa de ferramentas para

ele, mas, se eu precisar usar uma chave de fenda, o papai não vai dizer que não posso porque as ferramentas são dele. E eu acabei de comprar para mim uma batedeira, mas se o papai quiser usá-la, tudo bem. Eu nunca diria que ele não pode usá-la só porque é minha'. Então, a ideia geral que tento transmitir é de que a maioria das coisas da família pode ser usada por qualquer um que precise delas ou queira usá-las.

Mas também expliquei que algumas coisas são tão especiais, ou tão novas, ou tão delicadas – como a câmera que o papai ganhou de aniversário, ou a minha caneta-tinteiro – que não devem ser compartilhadas. Que nós devemos guardá-las num lugar específico e que só podem ser usadas com a permissão do dono. Então, disse a eles que, se tivessem algum brinquedo que não gostariam que ninguém pegasse ou usasse, poderiam dizer aos demais onde pretendiam guardá-lo e ninguém tocaria nele sem a sua permissão."

"Na minha casa, cada filha tem sua prateleira para coisas especiais, devidamente etiquetadas com o nome da dona. Assim, se alguém quiser brincar com algum desses brinquedos, primeiro *precisa* pedir licença ao proprietário. No entanto, quando as prateleiras começam a ficar muito cheias, o que acontece de vez em quando, nós decidimos quais brinquedos precisam mesmo ficar lá e quais podem ser liberados para uso comum."

"Teoricamente, a propriedade comunitária é uma bela ideia. Mas assim que meu filho mais velho vê o irmãozinho brincando com qualquer coisa, ele a arranca de sua mão! É uma espécie de compulsão. Eu costumava gritar: 'Pare com isso! Por que você fez isso? Não está vendo que ele está brincando com isso?'; ou: 'Deixe seu irmão em paz! Ele pegou primeiro!' Mas isso não me ajudou. Finalmente, resolvi conversar a sós com o mais velho, e falamos sobre como era estranho o sentimento que nos levava a ter vontade de arrancar alguma coisa da mão do outro. 'Mesmo sabendo que não devemos fazer isso, alguma coisa dentro de nós nos impulsiona. Ainda que tenhamos um montão de brinquedos à nossa disposição, por alguma razão o melhor sempre fica com o outro.'

Falamos muito sobre isso, como se fosse uma mania esquisita que as pessoas têm – nem certa nem errada, simplesmente um sentimento que às vezes aparece. Essa conversa mudou completamente a situação. Quando ele tenta tirar algo do irmão, eu ainda o impeço, mas ele não briga mais comigo. Nós apenas nos olhamos e comentamos, com um misto de tristeza e satisfação: 'O melhor brinquedo sempre fica com o outro'."

"O que me ajuda a lidar com a tomada da propriedade alheia é a ideia de aceitar os sentimentos, redirecionando o comportamento inaceitável. Por exemplo: se uma das minhas filhas toma o brinquedo da outra, eu digo: 'Puxa, Camila, você quer mesmo brincar com o jogo da Ester agora. É difícil esperar. Lembre que, segundo as regras, não podemos tomar as coisas de ninguém. Mas você pode dizer a ela que quer brincar daqui a pouco. Ela sabe compartilhar os brinquedos'.

Então, digo a Ester: 'Quando você acabar de brincar com o jogo, por favor avise a Camila, porque ela quer brincar com ele em seguida'. Aí dou a mão para a Camila e digo: 'Vamos procurar outro brinquedo legal enquanto esperamos'. O segredo é tentar atender às necessidades e aos sentimentos das duas ao mesmo tempo (coisa que nem sempre consigo fazer)."

Punir... ou não punir

Em muitos de nossos workshops, surge a pergunta: se, por qualquer motivo, um irmão machuca o outro, não deve ser punido? Especialmente se já tivesse sido avisado centenas de vezes de que deveria usar as palavras, não os punhos. E se ele continuar batendo no irmão? Em certo ponto, não seria necessário tomar medidas mais severas? Ele não deveria ser privado de algo de que gostasse, como seu programa de televisão favorito, por exemplo? Ou ao menos ficar de castigo?

Devolvemos a pergunta ao grupo. O consenso foi que, embora o castigo pudesse impedir o agressor temporariamente, o efeito em longo prazo poderia ser a piora do relacionamento. O agressor, desse modo, teria um motivo para ficar mais aborrecido com os irmãos, que passariam a ser a causa de sua punição. E a vítima se sentiria menos segura quando fosse deixada a sós com o irmão.

A mesma dinâmica se aplica quando pedimos que a criança "dê um tempo", ou seja, que fique sozinha um pouco, até que se acalme. Uma mãe mencionou uma visita que fizera à sua irmã, que tinha gêmeos de 3 anos. Um dos meninos a puxou pela mão, apontou para uma cadeira no canto de seu quarto e disse: "Esta é a cadeira de pensar. Eu bato no meu irmão. Eles me colocam na cadeira. Eu penso. Eu saio. Eu bato nele de novo".

Porém, apesar da concordância geral quanto aos efeitos colaterais negativos do castigo e do "tempo para pensar", algumas dúvidas permaneceram. Uma mãe disse: "Ainda acho que há ocasiões em que é preciso punir. Hoje mesmo a Amanda (de 4 anos) empurrou o Bruno (de 18 meses) com tanta força que ele caiu e bateu a cabeça no chão. Ele chorou histericamente e eu fiquei furiosa. E essa não foi a primeira vez que ela o machucou. Disse a ela que tinha sido uma menina má e que devia ir para o canto para pensar e ficar lá até que aprendesse como se comportar. E ela ainda estava lá quando a babá chegou e eu saí. O que mais eu podia fazer?"

Sua pergunta fez que o grupo entrasse em uma discussão acalorada. Todos nós concordávamos que não se deveria permitir que o filho maior ferisse o filho menor. Por outro lado, houve manifestações de empatia com o maior. Não é fácil para nenhuma criança ter de aguentar um irmão ou irmã de 18 meses. Vários pais descreveram como seus bebês puxavam os brinquedos dos irmãos mais velhos, os mordiam, arranhavam, batiam neles ou gritavam quando não conseguiam o que queriam. Sabíamos que o comportamento desses bebês estava relacionado a uma fase normal do desenvolvimento: as crianças que ainda não falam expressam suas necessidades fisicamente. No entanto, muitos participantes sentiam que cabia aos pais reagir construtivamente, ensinando às crianças mais velhas como lidar com as menores sem feri-las.

A mãe da Amanda perguntou: "E como fazemos isso?"

A resposta veio rápido. Uma mãe disse: "A minha filha aprende comigo. Sempre que eu perco a paciência e grito com seu irmão, ouço as mesmas palavras desagradáveis saindo de sua boca logo em seguida. Mas se eu disser algo como: 'Ei, Bruno, nada de morder a mamãe! Você pode morder o cobertor ou o ursinho', cinco minutos depois ouvirei a minha filha dando ao irmão a chance de escolher o que quer morder".

Um pai afirmou: "Tento demonstrar minhas expectativas ao meu filho de 5 anos. Disse a ele: 'Sei que não é fácil aguentar a sua irmã quando ela bate em você, mas você não pode revidar. Ela ainda é muito pequena e precisa aprender muita coisa. Mas se nós – você, eu e a mamãe – ensinarmos para ela como conseguir as coisas que ela quer de um jeito mais civilizado, pouco a pouco ela vai entender o que pode ou não fazer'".

"Isso tudo serve para prevenir as pancadas", disse a mãe da Amanda. "Mas ainda não sei o que fazer *depois* que o maior bateu no menor. Se punir não resolve, então o que devo fazer?"

"Tive uma ideia", disse uma mãe. "Você acha que resolveria conversar com a Amanda sobre o processo de resolução de problemas? Claro que não na mesma hora, nem enquanto você ainda estiver com raiva, mas só depois de ter acalmado o bebê; nessa altura, vocês duas já estarão mais calmas."

A mãe da Amanda parecia incrédula. "Conversar sobre o processo de resolução de problemas? Com uma criança de 4 anos?", ela questionou.

Alguém sugeriu que fizessem uma experiência: a mãe que propôs a conversa sobre o método de resolução de problemas poderia desempenhar o papel de mãe da Amanda e demonstrar como seria essa conversa, e a mãe da Amanda poderia desempenhar o papel de filha. As duas concordaram. Cada passo do processo de resolução de problemas foi encenado; eis como a cena transcorreu:

Primeiro passo: ouça o ponto de vista da criança.

MÃE: O Bruno deixou você com tanta raiva hoje de manhã que você o empurrou.

AMANDA: Ele é um chato.

MÃE: Ele incomoda muito você.

AMANDA: Eu estava montando os trilhos do meu trem e ele ficava pegando tudo.

MÃE: Isso deve ter sido muito frustrante – alguém pegando os seus trilhos enquanto você tentava montá-los. Há mais alguma coisa que ele costume fazer que a esteja incomodando?

AMANDA: Ele sempre pega os meus brinquedos e come as minhas massinhas. Além disso, quebrou o meu palhacinho.

MÃE: Então ele faz um monte de coisas que incomodam você.

AMANDA: É!

Segundo passo: expresse o seu ponto de vista.

MÃE: Eu fico muito chateada quando um dos meus filhos machuca o outro.

Terceiro passo: convide seu filho para fazer um brainstorm com você.

MÃE: Vamos pensar juntas e ver se há alguma coisa que possamos fazer quando o Bruno a incomodar, algo que seja bom tanto para você como para ele.

Quarto passo: anote todas as ideias – sem avaliá-las.

AMANDA: Tranque-o no quarto.

MÃE: Tá, vou anotar isso. O que mais?

AMANDA (rindo): Amarre-o numa cadeira.

MÃE: Entendi. O que mais?

O grupo ouvia atento e logo percebeu que a conversa se tornara séria. A "mãe" comentou que às vezes as pessoas da família ficam bravas umas com as outras, mas elas precisam encontrar um jeito de conviver sem se ferir mutuamente. Eis a lista de soluções de comum acordo:

1. Empurrar a mão do Bruno com delicadeza. Dizer: "Agora estou brincando com isso. Vou avisá-lo quando acabar, então será a sua vez".
2. Ceder algumas peças do brinquedo com que você estiver brincando, como alguns trilhos e um trem, ou alguns blocos, ao Bruno.
3. Oferecer ao Bruno outros brinquedos, deixando que ele escolha com qual quer brincar. Diga: "Você pode brincar com o meu jogo de montar ou com o jogo de martelar".
4. Colocar os brinquedos numa mesa alta, para que o Bruno não os alcance.
5. Brincar com certas coisas (como tinta ou massinha) somente quando o Bruno estiver dormindo.
6. Se nada disso adiantar, pedir ajuda. Basta dizer: "Mãe! Preciso de ajuda!", e a mamãe virá.

Quando a demonstração da resolução de problemas terminou, houve muitas reações.

"Não vejo motivo para que essa abordagem não funcione com a Amanda."

"Gostei de ver como a mãe ficou a favor da filha em vez de ficar contra ela."

"Eu reparei que elas tiveram dificuldade para pensar em providências que realmente podem ser tomadas por haver uma criança pequena envolvida. Elas tiveram muito trabalho para descobrir soluções."

"É verdade, mas esse esforço torna as soluções consistentes."

A mãe da Amanda ouvia e sorria para todos nós. "Sabem como foi para mim?", perguntou. "Ao fazer o papel da Amanda, tendo para isso de me colocar em seu lugar, senti pena dela. E comecei a ver as coisas pela perspectiva dela. Não vejo a hora de chegar em casa, para que eu possa desempenhar de novo o papel da mãe."

As histórias

A parte mais gratificante de realizar workshops para pais de crianças pequenas é ouvir as histórias que eles nos contam semana a semana. Eis alguns relatos que nos deixaram com um sorriso no rosto.

A primeira história mostra claramente o contraste entre o que acontece quando os métodos tradicionais são usados para impedir o mau comportamento da criança – ordens, ameaças, advertências – e o que pode ocorrer quando os sentimentos são reconhecidos. As crianças de fato têm maior facilidade para modificar seu comportamento quando alguém reconhece a intensidade dos seus sentimentos.

"Eu quero o galho do Jair!"

CENA: Estou tentando cuidar do jardim enquanto meus três filhos – Jaime e Samanta, gêmeos de 4 anos, e Jair, de 2 anos – brincam ali perto, no quintal. Estou agachada atrás de alguns arbustos, jogando na grama os galhinhos mortos conforme os retiro das azaleias. As crianças pegam alguns galhinhos da pilha e resolvem brincar com eles. De repente, começa a briga.

JAIME: Me dá esse galho! (Tenta tirá-lo do irmão menor.)

JAIR: Não! É meu! (Foge do Jaime.)

JAIME: Eu quero! Me dá! (Alcança o Jair e agarra o galhinho.)

JAIR: Nãããããão! (Consegue segurar o galhinho.)

MÃE (afastando as plantas para vê-los): O que está acontecendo?

JAIR: O Jaime quer pegar o meu galho.

MÃE: Jaime, deixe o Jair em paz!

JAIME: Mas eu preciso daquele galho.

MÃE: Você não precisa do galho do Jair. Você tem o seu.

JAIME (jogando o galho no chão): Esse galho não é bom.

MÃE: Então pegue outro galho.

JAIME: Eu não quero outro galho. Eu quero o galho do Jair.

MÃE: Você não pode pegar o galho do Jair. Ele o pegou primeiro.

SAMANTA: Jaime, você quer o meu galho?

JAIME: O seu não! O do Jair! Jair, me dá seu galho agora!

MÃE (saindo do meio dos arbustos e remexendo na pilha de galhos): Olhe só, Jaime, este galho é bom, tem até folhas. E este outro também é bom, é bem comprido.

JAIME (gritando): Esses galhos são bobos! Eu não quero esses galhos bobos!

MÃE: Jaime, se você não parar de gritar agora, vai ficar dentro de casa até se acalmar.

JAIME (ainda gritando): Eu não quero ficar lá dentro. Eu quero o galho do Jair. É melhor ele me dar aquele galho já.

MÃE (finalmente se lembrando de que precisa reconhecer os sentimentos dos filhos): Jaime, você realmente quer o galho do Jair.

JAIME: É! Eu quero.

MÃE (empaticamente): Você acha que o galho do Jair é melhor e está chateado porque ele não pode ser seu.

JAIME: É... é. Ei, Samanta, uma borboleta! Vamos atrás dela! (Corre atrás da borboleta.)

MÃE (boquiaberta): Ai, meu Deus! Funcionou!

Uma das mães do grupo resolveu escrever um bilhete para o filho que não sabia ler e a moda pegou. As três histórias a seguir mostram o poder que a palavra escrita exerce sobre as crianças pequenas.

Os irmãos não devem ser empurrados

Meu filho de 1 ano está começando a aprender a andar. O de 3 anos fica empurrando o irmão mais novo para que ele caia. Um dia, decidi colar um aviso nas costas da camiseta do bebê. Dizia: "Bebês devem ser amados, e não empurrados". Então li o aviso para o meu filho mais velho e ele parou definitivamente de derrubar o menor.

Carta de uma irmãzinha

Minha filha de 5 anos estava gripada e pedi que ela ficasse longe da nenê. Repeti o pedido várias vezes, durante o dia todo, mas não adiantava. Finalmente decidi escrever um bilhete para ela, como se tivesse sido escrito pela nenê. Eis o que escrevi:

> *Querida Elisabete,*
> *Quando você melhorar, poderá ficar comigo sempre que quiser.*
>
> *Um beijo,*
> *Edna*

A Elisabete adorou o bilhete. Ela pediu umas quinze ou vinte vezes que eu o lesse para ela. E ficou longe da nenê.

"Eu também quero um cartaz!"

Eu estava ficando louca. Todos os dias, entre quatro e seis horas da manhã, meu filho Eduardo, de 2 anos e meio, saía da sua cama, subia no berço do Ricardo, de 9 meses, e o acordava porque queria "brincar" com ele. O Ricardo, então, começava a gritar. Aquele era o sinal para que eu entrasse no quarto, tirasse o Eduardo do berço e lhe desse um tapa no traseiro. Após o tapa, o Eduardo gritava e o bebê, por sua vez, gritava mais ainda. Isso durou algumas semanas.

Um dia eu li um trecho do livro *Como falar para seu filho ouvir...* que falava sobre a técnica de escrever bilhetes para crianças pequenas que ainda não sabem ler; então pensei: "O que tenho a perder?" Resolvi tentar, dizendo ao Eduardo: "O Ricardo ainda não sabe escrever. Ele precisa de alguém que faça um cartaz para o berço dele. Você é mais velho e pode escrever". Dei-lhe papel e giz de cera e ele fez alguns rabiscos. Então escrevi, na mesma folha: *Este é o berço do Ricardo. As outras pessoas devem manter distância.*

Então colei o cartaz na parede onde o berço ficava encostado. O Eduardo me perguntou: "O que está escrito?" E eu o li para ele. Então ele disse: "Eu também quero um cartaz". Juntos fizemos um cartaz que dizia: *Esta é a cama do Eduardo. As outras pessoas devem manter distância.*

Por incrível que pareça, funcionou! Toda manhã o Eduardo aponta para o cartaz acima do berço e diz: "Mantenha distância". E agora o bebê, que começou a falar, imita seu irmão e diz: "Ânxia, ânxia!"

Esta última história mostra como uma mãe convenceu a filha de 3 anos a se responsabilizar por seu comportamento.

Eu gosto de morder

Eu estava no meu limite. A Amélia (3 anos) recentemente tinha começado a morder a irmã, Elaine (5 anos), e nada do que eu disse ou fiz para impedi-la adiantou. Parecia loucura tentar aplicar a técnica de resolução de problemas a uma menina de 3 anos, mas eu estava desesperada. Na manhã seguinte ao workshop da semana passada, peguei um pedaço de papel e disse às duas que eu anotaria os sentimentos que elas tinham quanto a morder. A Amélia, a que mordia, ficou entusiasmada, mas a Elaine, a que era mordida, exclamou: "Que bobagem!"

Eis o que a Amélia me disse, para que eu escrevesse (o mais difícil foi permanecer séria enquanto escrevia):

> *Eu gosto de morder.*
> *Morder é gostoso.*
> *Morder é divertido.*

Então a Elaine disse: "Eu também quero uma lista!" O texto foi o seguinte: *A Elaine fica com raiva quando a irmã a morde, e não sabe por que ela faz isso.*

E fizemos uma lista de soluções que incluía itens como:

> *Morda a comida.*
> *Use as palavras.*
> *Fique longe.*

Desde então, cada vez que a Amélia começa a morder a Elaine, ela grita: "A lista! Lembre-se da lista!" E a Amélia para e se afasta. É incrível!

É como mostrar uma cruz para um vampiro. Um dia, a Amélia correu em direção à geladeira e voltou mordendo uma maçã. Outro dia, no supermercado, quando ela ficou muito frustrada, tentou morder a minha perna, mas foi uma exceção. Posso perceber que ela está mesmo melhorando.

SOZINHOS EM CASA

Os pais de crianças mais velhas que compareciam aos nossos workshops tinham outras preocupações. Muitos pais e mães trabalhavam fora. A maioria dos pais separados, em nosso grupo, não tinha outra escolha senão deixar os filhos em idade escolar sozinhos, até que voltassem do trabalho. Eram longas horas sem ninguém para tomar conta das crianças. Sem um adulto responsável para orientar, prevenir, proibir, impedir ou redirecionar o comportamento destrutivo ou violento de um irmão em relação ao outro. No trabalho, esses pais não deixavam de se preocupar com o que estaria acontecendo em casa. Para os padrastos ou madrastas de nossos workshops, o problema era ainda maior. Cada conjunto de irmãos deixados em casa tinha, de algum modo, de mesclar suas diferentes regras de família, dinâmicas, valores, estilos de vida e personalidades, para que conseguissem funcionar juntos, como uma unidade razoavelmente integrada.

O consenso em nossos workshops era que, dado o pouco tempo que os pais tinham com os filhos, precisavam aproveitar todas as oportunidades para fortalecer o relacionamento e ensinar a seus filhos e enteados como lidar uns com os outros de modo seguro e civilizado.

À medida que os encontros prosseguiam, os pais contaram muitas histórias sobre como conseguiram colocar suas novas habilidades e convicções em ação. Eis algumas das experiências mais memoráveis que compartilharam conosco. (Algumas foram escritas e outras gravadas.)

Você mesma precisa dizer a ele

Para que eu possa explicar por que estou tão entusiasmada com o que aconteceu ontem, preciso contar antes o que normalmente faço quando a Samanta (de 11 anos) me procura para reclamar de alguma coisa que o Davi (de 13 anos) fez. Eis uma conversa típica:

SAMANTA: Mãe, o Davi é tão ruim! Eu o odeio! (Essa é a primeira coisa que ela diz quando chego do trabalho.)

EU: Por quê? Calma. O que aconteceu? O que ele fez?

SAMANTA: Ele me expulsou do quarto dele, só porque seus amigos vieram. Ele disse: "Saia daqui, pestinha!"

EU: Mas você estava atrapalhando?

SAMANTA: Não! Eu só pedi que ele me emprestasse uma borracha, e ele não quis emprestar.

EU: O quê?! Ele não quis emprestar uma borracha para você?

SAMANTA: Não, e eu precisava dela para a lição de casa.

EU: Bem, vou ter uma conversinha com seu irmão hoje à noite. Não se preocupe, querida, ele não vai mais fazer isso.

SAMANTA: Ótimo! Dê uma bronca nele.

Mas eu não disse nada disso. Na verdade, eu fiz algo completamente diferente: não tomei partido, não tentei julgar quem estava certo e quem estava errado e não gritei com o Davi. Em vez disso, tentei fazer várias coisas que aprendi aqui, e isso mudou tudo. O diálogo que realmente aconteceu foi o seguinte:

SAMANTA: Mãe, o Davi é tão ruim! Eu odeio ele!

EU: Xi! Ele deve ter feito algo que deixou você com muita raiva.

SAMANTA: Ele me expulsou do quarto dele. Disse: "Saia daqui, pestinha!"

EU: Isso deve tê-la magoado.

SAMANTA: E magoou mesmo! E ele falou aquilo na frente de todos os amigos.

EU: Deve ter sido um situação embaraçosa.

SAMANTA: E foi! Ele poderia ter falado de outro jeito.

EU (tive de pensar um tempão para elaborar esta resposta, e falei bem devagar): Então, você quer que o Davi saiba que, se ele quiser ficar sozinho com os amigos, ele pode pedir educadamente – sem xingar você.

SAMANTA: É... e sem me empurrar – não se esqueça de também dizer isso para ele.

EU (agora vem a parte da qual mais me orgulho): Querida, se isso vier de mim ele só vai ficar com mais raiva de você. Você mesma precisa dizer a ele tudo que acabou de me contar. Você foi muito clara. Ele não precisa embaraçá-la nem empurrá-la. Se ele quiser ficar sozinho com os amigos, basta que peça de um jeito educado que você saia, e você sairá.

Bem, ela não pareceu muito contente com a ideia, mas não discutiu comigo. E mesmo que tivesse, não teria me convencido. Sei que estou seguindo o rumo certo. Ao orientá-la quanto às palavras que deveria usar para falar com o irmão sobre o que a incomodava, mostrei-lhe como abordá-lo de modo a não piorar a briga entre eles quando eu não estiver por perto.

Queixem-se por escrito

Eu pensava que, quando meu filho e minha filha chegassem à adolescência, eu não teria mais de lidar com as "coisas de irmãos". Entretanto, recentemente eles têm sido tão maldosos um com o outro que ficou impossível permanecer junto com eles na mesma casa. E a situação piorou desde que a minha esposa começou a trabalhar fora. No minuto em que entro em casa, antes mesmo de largar a minha pasta, cada um tenta chamar a minha atenção para reclamar do outro.

Ontem à noite, porém, eu estava preparado. Ouvi as reclamações por algum tempo, em silêncio. Então, dei lápis e papel a cada um e disse: "Eu entendo que há muitas coisas que seu irmão ou irmã faz que incomodam vocês. Gostaria que vocês fizessem suas queixas por escrito. E não se esqueçam de numerá-las, conforme a importância".

Aceitaram a ideia. Sentaram-se à mesa da cozinha e começaram a escrever furiosamente. Então saí da cozinha. Quando voltei, depois de uns dez minutos, vi que minha filha tinha feito uma lista com sete queixas relativas ao irmão. Ele tinha quatro itens em sua folha, e ambos ainda estavam escrevendo. Fui ao escritório para terminar um relatório no computador.

Na manhã seguinte, quando estava prestes a ir trabalhar, ouvi um ruído estranho em casa – risadas, além de vozes que gritavam alguns números.

"Dois!"

"É, mas sete!"

"Não, cinco!"

"E não se esqueça do três!"

E mais risadas.

Finalmente entendi que os números eram a abreviação do que tinham escrito. Não é a forma de comunicação utilizada pela maioria das pessoas, mas para esses dois representou a primeira trégua em sua guerra fria.

Repita e apague

Para mim, a melhor parte desses workshops estava relacionada com a ideia de que não precisamos tomar partido quando os filhos brigam. Mas eu tinha sérias dúvidas quanto ao que vocês recomendaram, ou seja, que apenas ficássemos lá e repetíssemos a ideia principal do que cada um estava tentando dizer. Bem, semana passada tive uma chance de colocar a teoria em prática. Eis o que ocorreu: eu estava me vestindo para ir trabalhar quando ouvi gritos no quarto das meninas. Corri para lá e vi que elas estavam se batendo.

EU: Parem com isso! Puxa, vocês estão muito bravas uma com a outra!

CAROLINA (de 12 anos): Ela não deixa que eu pegue as minhas meias!

EU: Helena, a Carolina disse que você não deixou que ela pegasse as meias.

HELENA (de 10 anos): Ah, é! Claro! Eu estava pegando as minhas meias e ela fechou a gaveta. Ela podia ter quebrado a minha mão.

EU: Carolina, a Helena disse que você fechou a gaveta enquanto a mão dela ainda estava lá.

CAROLINA: De que outra maneira eu poderia pegar as minhas meias? Além disso, eu abri a gaveta primeiro.

EU: Helena, a Carolina disse que ela abriu a gaveta primeiro.

HELENA: A gaveta estava aberta, mas ela não estava lá! O que eu podia fazer? Ficar esperando até que sua majestade resolvesse voltar?

Reproduzir o que cada uma disse para a outra foi uma tarefa difícil. E também foi muito confuso. Eu nem ao menos sabia se tinha entendido o que elas estavam falando. Então me lembrei da técnica de "apagar" citada no livro *Pais liberados, filhos liberados*.

EU: Vocês sabem o que eu faço quando me envolvo, junto com alguém, num problema como esse, cuja resolução parece impossível? Eu apago tudo e começo de novo. (Faço um movimento em frente à parede, como se a estivesse apagando.) Muito bem, a lousa está limpa. Vocês podem começar de novo. Vou deixá-las a sós. Boa sorte!

Saí do quarto e fechei a porta, mas devo confessar que fiquei por perto para que pudesse escutar as duas. Eis o que ouvi:

CAROLINA: Tá bom, Helena, agora você diz: "Carolina, querida, você queria pegar as suas meias nessa gaveta que está aberta?" E eu vou dizer: "Tudo bem, querida irmã. Pegue as suas meias primeiro".

HELENA: Querida irmã, isso é besteira! Passe-me as meias. Estou atrasada para a escola.

E foi assim. Acabou.

Minha esperança é que elas se lembrem da ideia de "apagar" e usem esse artifício quando eu não estiver por perto.

A caixa do humor

Percebi que um dos motivos que faziam que meu filho e meu enteado não se entendessem, embora ambos tenham 10 anos, era a insensibilidade ao estado de humor do outro. Quando um estava irritado, o outro estava alegre. Quando um queria ficar sozinho, o outro queria brincar.

Eu sempre conseguia prever os conflitos, mas nenhum deles parecia ter a menor ideia do que o outro estava sentindo. Quando eu estava em casa, podia ajudá-los a entender o humor do outro; mas e quando eu não estivesse disponível para ser sua intérprete?

Então me lembrei de ter lido no livro *Pais liberados, filhos liberados* a história de uma criança que tinha feito uma caixa do humor. Decidi fazer para cada menino uma caixa de cartolina, com cada um dos seis lados de uma cor diferente. As cores representavam os diferentes estados de humor. Quando os meninos viram o que eu estava fazendo, ficaram interessados e me ajudaram a criar um código de cores. Eis o que decidiram:

Cinza = Cansado
Azul = Chateado
Vermelho = Bravo
Preto = Furioso
Amarelo = Feliz
Verde = Razoável

O plano era que o resto da família soubesse como eles estavam se sentindo; para isso, bastava que deixassem a face com a cor correspondente ao seu humor virada para cima.

Até o momento os meninos continuam usando as caixas. Um dia, ao chegar em casa, o Rogério pareceu ter ficado chocado. Ele disse: "A caixa do Marcos está no preto. O que aconteceu?" Expliquei que o time do Marcos não foi bem no campeonato de futebol e reparei que, em seguida, o Rogério se esforçou para ser legal com ele.

Em outra ocasião, o Marcos apareceu na cozinha e disse: "Xi, é melhor eu não pedir que o Rogério me empreste a sua raquete de tênis agora. A caixa dele está no vermelho".

Aquelas duas caixinhas fizeram uma grande diferença na vida de nossos filhos. Na realidade, elas têm contribuído para que todos nós – inclusive meu marido – nos tornemos mais sensíveis em relação aos outros.

OUTRAS FORMAS DE INCENTIVAR
BONS SENTIMENTOS ENTRE IRMÃOS E IRMÃS

Graças aos muitos workshops que realizamos após a publicação de *Irmãos sem rivalidade*, surgiram novas ideias e maior clareza em relação a algumas ideias antigas. A seguir apresentaremos algumas instruções cujo conhecimento por parte dos pais é fundamental.

Assegure-se de que cada filho passe algum tempo a sós com você algumas vezes por semana.

No mundo apressado e impessoal de hoje, passar algum tempo a sós com nossos filhos é essencial. As crianças desabrocham em meio ao calor e à intimidade dos momentos particulares com seus pais. Essa conexão de indivíduos propicia a nutrição emocional de que as crianças precisam para que sejam mais carinhosas ou, no mínimo, mais tolerantes com os irmãos. É menos provável que o João comece uma briga com a irmã para chamar a sua atenção se ele souber que haverá um tempo reservado para ele, um momento em que você o ouvirá exclusivamente.

Além de reservar esse tempo só para vocês dois, também é preciso respeitá-lo. Não permita que um telefonema interrompa o clima. Seu filho sempre se lembrará de quando você atendeu o telefone e disse: "Olá, dona Antônia. Posso ligar daqui a quinze minutos? Agora o João e eu estamos conversando". É provável que, depois tê-lo completamente para si, sua disposição com relação aos irmãos se torne mais generosa. Mas, ainda mais importante, ele terá noção do seu próprio valor. Uma mãe nos contou:

Cheguei em casa depois da nossa sessão, na semana passada, determinada a fazer algo para ajudar o Eduardo, meu filho do meio. Ele é do tipo que está sempre *entre* alguma coisa, um típico filho do meio, nem lá nem cá. Bem, na manhã seguinte perguntei-lhe se ele me faria companhia em alguns de meus afazeres, e ele pareceu contente com a ideia. Nós ficamos conversando no carro e eu achei que tudo estava ótimo, quando, de repente, ele soltou uma bomba: "Gostaria de não ser eu. Queria ser o Roberto ou o Davi".

Não sabia o que dizer, então perguntei: "Como assim?"

"O Roberto faz tudo que quer e todos se derretem pelo David."

Comecei a lhe dizer que ele não deveria se sentir assim, mas depois me contive. E disse: "Talvez, se pudesse ser o Davi ou o Roberto, você gostasse, mas eu não gostaria nem um pouco".

"Por que não?"

"Porque você é muito especial. E se você se tornasse outra pessoa, aí eu não teria mais *você*... Eu não teria o meu Eduardo. E eu ficaria muito infeliz!"

Vocês sabem o que ele fez? Aproximou-se e deu tapinhas no meu ombro.

Mais tarde, percebi que só uma tarde com ele não seria suficiente. O Eduardo precisava de muito mais tempo comigo. E de muito mais tempo com o pai. Precisava de nós dois para que tivesse noção da sua importância.

Quando estiver com um filho, não fale sobre o outro.

Quando for às compras com a Márcia, mantenha o foco na Márcia. Evite dizer: "Aquela blusa azul ficaria linda na sua irmã, combinaria com seus olhos azuis!" ou "Puxa! A Débora adoraria ganhar este broche do Snoopy! Vamos comprá-lo para a coleção dela".

No exemplo citado, a mãe não teve más intenções. Ela pode até ter achado que estava incentivando a filha a pensar na irmã. Mas é mais provável que a Márcia pense: "Mesmo quando a Débora não está presente, ela afasta a mamãe de mim".

Não negue afeto ou atenção ao seu "filho favorito" para compensar o outro filho.

Alguns pais vivenciam uma culpa tão grande quando admitem a si próprios que sentem maior inclinação para um filho que vão ao outro extremo. Como uma tentativa desesperada de remediar a situação, eles inundam o filho menos favorecido de elogios exagerados e atenção, e se tornam distantes ou frios em relação ao filho a que se sentem mais ligados. Essa mudança repentina acaba confundindo e magoando ambos os filhos. O favorito pensa: "O que há de errado? O que eu fiz? Meu pai/minha mãe não gosta mais de mim". E o outro filho percebe que "algo não está certo", que "aí tem".

O que um filho da fato precisa é que seus pais o apreciem completa e realisticamente por aquilo que ele é.

Não aprisione os filhos em suas posições na constelação familiar (mais velho, caçula, do meio). Dê a cada filho a oportunidade de vivenciar alguns privilégios e responsabilidades do outro.

A exigência, por parte dos pais, de que os filhos sempre mantenham sua posição na família pode contribuir para o desenvolvimento de um profundo ressentimento entre os irmãos. Nós não podemos reverter a ordem de nascimento dos filhos. Mas também não precisamos que eles continuem desempenhando papéis de acordo com sua ordem de nascimento para sempre. Eis, em suas próprias palavras, o que alguns dos pais que frequentaram nossos workshops fizeram:

Minhas filhas (de 9 e 5 anos) são exemplos clássicos dos estereótipos: a mais velha é muito séria e a menor é o bebê. No último sábado, fiz algo que nunca tinha feito. Liguei para a minha irmã e lhe pedi que fizesse uma troca comigo: disse-lhe que ficaria com sua filha de 2 anos se ela levasse a minha de 9 para que brincasse à tarde com suas primas adolescentes.

Bem, minhas duas filhas tiveram experiências maravilhosas: a de 5 passou a tarde toda brincando de "irmã mais velha" com sua prima de 2 anos, agindo como alguém muito importante e com mais idade. A de 9 anos chegou em casa estourando de alegria, pois suas primas a tinham tratado muito bem. Elas a tinham enfeitado com bijuterias velhas, fizeram-lhe um penteado e lhe ensinaram uma dança, a macarena. Ela adorou ser mimada e ser o centro das atenções.

★ ★ ★

Desde o nascimento do meu segundo filho, minha filha mais velha tem privilegiado uma brincadeira em que finge ser bebê, e eu não a desencorajo mais. Eu não me sentia bem quando via uma menina de 4 anos pedindo a mamadeira o tempo todo. Mas, ultimamente, tenho brincado junto com ela. Comprei-lhe uma mamadeirinha de brinquedo, a enchi de água e disse: "Você quer sua mamadeira agora, bebê? Tá bom, tome". Uma vez perguntei: "Você que ser o bebê ou eu é que vou ser?" Então nós revezamos, dando a mamadeira uma para a outra. Ela gostou tanto da brincadeira que a queria repetir todo dia, durante uma semana. Então, um dia, enquanto brincávamos de bebê, ela largou a mamadeira e disse: "Agora vamos brincar de nos enfeitar".

★ ★ ★

Um dia, antes do jantar, disse para a minha filha de 10 anos que não se incomodasse em colocar os pratos na mesa, e que apenas descansasse e desfrutasse seu livro. Então, pedi ao meu filho, de 6 anos, que me ajudasse a guardar as compras e pôr a mesa. Ele adorou, sentiu-se muito importante. E minha filha mais velha ficou muito contente por não ser a única a me ajudar em casa.

Não caia na armadilha da "intimidade familiar".

A imagem da "família unida" serve como inspiração para muitos. Mas, para algumas crianças, a pressão de passar longos períodos na companhia de um irmão ou irmã pode aumentar o nível de estresse de uma relação previamente hostil. (Isso sem mencionar o que as brigas constantes das crianças podem causar aos nervos dos pais.)

Pense num lindo dia no zoológico: o irmão menor corre para alcançar o maior. O maior está muito na frente e chama o caçula de lesma. (Lágrimas.) O menor quer parar para comer. O maior ainda não está com fome. Ambos reclamam: "Por que eu sempre tenho de fazer o que *ele* quer?" (Briga.) O maior quer ver as cobras. O menor tem medo de cobras. (Briga e lágrimas.) O menor fica cansado de repente e quer ir para casa. O maior fica bravo. Ele ainda não viu as cobras. (Mais brigas, mais lágrimas.)

Sugerimos que, se as crianças estiverem passando por um período de constante irritação entre si, os pais não as forcem a fazer tudo juntas. Isso só serviria para distanciá-las ainda mais.

Em vez disso, seria interessante considerar diferentes combinações adulto-criança:

- O pai pode passear com um filho enquanto a mãe fica em casa com o outro.
- A mãe pode sair com um filho enquanto o pai fica em casa com o outro.
- Todos vão ao zoológico, separam-se e se encontram para o almoço.

Todos os esforços para que os membros da família tenham mais espaço para respirar são válidos.

Faça que cada filho saiba o que seus irmãos apreciam ou admiram nele.

Muitas vezes, dois filhos se comportam como inimigos porque desconhecem os sentimentos velados de admiração e afeição que um tem pelo outro. Ter consciência dos sentimentos positivos de um irmão pode mudar drasticamente um relacionamento. Um pai que frequentou nossos workshops compartilhou com o grupo a seguinte experiência de infância:

> Minhas irmãs e eu brigávamos constantemente. Era difícil para todos nós, e provavelmente ainda mais difícil para meus pais. Porém, eles conseguiram acabar com as brigas e fazer que eu parasse de bater nas

minhas irmãs mais novas. Como? Disseram: "Sérgio, você percebe que suas irmãs mais novas acham que você é o máximo? Elas o admiram muito e tentam impressioná-lo com as coisas que fazem". Aquilo me brecou. Então, na primeira briga que surgiu depois da conversa com os meus pais, quando já estava pronto para bater nas minhas irmãs, pensei: "Talvez meus pais tenham razão". E isso pareceu me acalmar. No fim, eu parei de bater nelas.

* * *

Só depois de crescido e de ter uma conversa de uma noite inteira com meu irmão é que percebi quanto sofrimento, de ambas as partes, poderia ter sido evitado se soubéssemos o que realmente sentíamos um pelo outro quando éramos crianças. Pelo fato de ele ser meu irmão mais velho, era como um deus para mim – bonito, popular, um músico talentoso. Não conseguia entender por que ele era tão cruel e mau comigo. Eu tinha certeza de que era porque ele me odiava. Assim, apesar de admirá-lo tanto, eu me via compelido a reunir todas as minhas forças para brigar com ele. Sentia que tinha de fazer de tudo para reagir a ele – para feri-lo, antes que ele pudesse me ferir.

Mas, após ouvir o que ele tinha a dizer, a história se transformou por completo. Ele falou que sempre achou que eu era incrível – bonito e muito inteligente. Ficava tão impressionado com as minhas notas que se sentia um aluno medíocre, e tinha muita vergonha de suas notas baixas. Por tudo isso, ele revidava da única forma que sabia – provocando e agredindo. E eu contra-atacava com meu intelecto e sarcasmo. Se, de algum jeito, um de nós tivesse sido informado da grande afeição e admiração que sentíamos um pelo outro, nossa história poderia ter sido bem diferente.

Quando falei sobre a nossa conversa à minha mãe, ela ficou na defensiva. Disse: "Por que eu teria de dizer a qualquer um de vocês como o outro se sentia? Era óbvio para mim que, no fundo, vocês realmente se amavam".

Mas, certamente, isso não era óbvio para nós.

Organize reuniões familiares.

Você não esperaria que seu carro continuasse funcionando sem reabastecimento e manutenção periódicos; no entanto, esperamos que a família continue funcionando sem inspeções regulares. Os mais entusiásticos defensores dos encontros familiares são justamente os pais e filhos que já os promoveram. Um adolescente nos contou: "É uma ótima maneira de evitar que as tensões cresçam. Nós nos reunimos e falamos sobre atividades da família, tarefas, quem quer fazer o que, quem quer trocar e o que está perturbando cada um". Sua mãe acrescentou: "É um espaço para pensarmos criativamente sobre o que precisamos e sobre como podemos nos apoiar mutuamente".

Um pai comentou como ficava nervoso com os gritos e brigas no banco de trás do carro, enquanto ele dirigia. Pediu ideias para que a atividade de andar de carro se tornasse segura e agradável para todos. Choveram sugestões: levar livros, jogos, contar piadas, fazer adivinhações, cantar. Mas o ponto principal foi a decisão da família de tornar as viagens de carro menos estressantes para o pai.

Em outra família, com seis filhos e pouco dinheiro, as crianças decidiram fazer as tarefas de cada aniversariante como presente.

Recentemente, uma mãe nos escreveu sobre sua primeira reunião familiar:

Eu queria torná-la divertida, então fiz convites para as minhas filhas de 6 e 7 anos:

Reunião familiar
Local: mesa da sala de jantar
Data e horário: sexta-feira, 18h30
Traje: esporte
Contamos com você!

A reação das meninas não foi encorajadora. Disseram: "Ah, eu não vou"; "Do que vamos falar?"; "O que é reunião?"; "O que significa traje esporte?"; "Vou falar disso na reunião".

O dia havia chegado. Meu marido insistiu que a reunião fosse na sala, por ser mais confortável. Meu primeiro assunto foi: como escapar no caso de incêndio? Discutimos todas as precauções necessárias. Depois disso, falamos de várias preocupações da família, como quem levaria o cachorro para passear durante o período escolar e que filme alugaríamos no fim de semana. Então houve um momento de silêncio. Nossa filha de 7 anos disse: "Sabe, eu acho que esta família é ótima. Estou feliz por fazer parte dela". Nossa filha menor concordou: "Eu também. Gosto da nossa família". Fiquei com os olhos marejados. Algo tão simples como uma reunião familiar teve um efeito muito significativo! E só levou quinze minutos! Naquela noite nós todos sentimos uma proximidade especial.

CONCLUSÃO

Esperamos que os novos capítulos sejam úteis para você. Embora mostrem como os relacionamentos entre irmãos podem ser melhorados, às vezes dramaticamente, pela habilidosa intervenção dos adultos, é bom lembrar que nem todas as nossas intervenções funcionam de modo perfeito ou permanente.

Os relacionamentos entre irmãos são fluidos, mutáveis, resultam de um processo constante. Em diferentes períodos de sua vida, os irmãos se afastam ou se aproximam. Nós, como pais, não temos como obrigar os filhos a um relacionamento fixo, próximo e amoroso entre si. No entanto, o que podemos fazer, com o uso de certas habilidades e da boa vontade, é remover os obstáculos usuais à harmonia fraterna. Assim, quando nossos filhos estiverem prontos para se conectar, o caminho estará livre.

O desafio é grande. É uma tarefa difícil, mas não impossível. Precisamos lidar com nossos próprios sentimentos, ajudar nossos filhos a lidarem com os próprios sentimentos e, de algum modo, reunir todas as emoções brutas, confusas e raivosas geradas pela rivalidade entre irmãos e usá-las. É preciso usá-las para o desenvolvimento de seres humanos mais sensíveis, conscientes e solidários. Usá-las para aprendermos como viver juntos, apesar das profundas diferenças.

A família é responsável por nos ensinar nossas habilidades de relacionamento. E a forma como nos relacionamos com nossos filhos e os ensinamos a se relacionar, mesmo no calor da batalha, pode ser nosso presente permanente para eles.

www.gruposummus.com.br